クライシス2040

● 増える「高齢化」した高齢者

	2018	2040
80歳以上	1104万人	➡ 1578万人
総人口に占める割合	8.7%	➡ 14.2%

7人に1人は80歳超！

● 増える女性高齢者

65歳以上

2018	2040
2012万人（男性1545万人）	➡ 2208万人（男性1713万人）

75歳以上

1091万人（男性705万人）	➡ 1343万人（男性896万人）

75歳以上が1.3倍！

※2018年は総務省の人口推計。2040年は国立社会保障・人口問題研究所（社人研）「日本の将来推計人口」から

 勤労世代 20〜64歳（男女合計）

2017 6997万人 ⇨ **2040** 5543万人

待ったなし！人口減少の構図がこれだ！

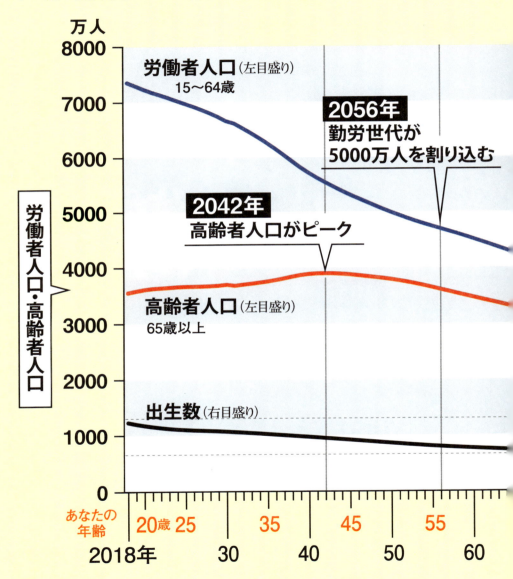

※国立社会保障・人口問題研究所「将来推計人口」より

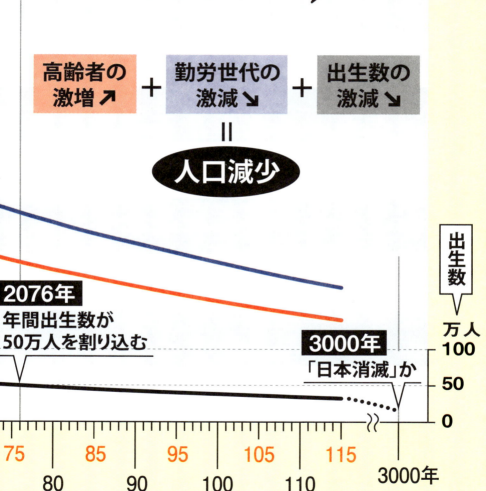

●増える高齢者のひとり暮らし

女性は4人に1人！

65歳以上	2015	2030	2040
男性	14.0% ⇨	18.2% ⇨	**20.8%**
女性	21.8% ⇨	23.9% ⇨	**24.5%**

※社人研「日本の世帯数の将来推計」から

●増える低所得高齢者

2040 低年金・無年金者が激増？

壮年非正規雇用労働者

35〜44歳		2002	2008	2014
	男性	35万人 ⇨	58万人 ⇨	**71万人**
	未婚女性	16万人 ⇨	34万人 ⇨	**78万人**

※独立行政法人労働政策研究・研修機構の資料から

親に生活を依存している可能性のある人

35〜44歳	1980	2000	2016
	5万人 ⇨	28万人 ⇨	**52万人**

※総務省の資料から

出生数 2018 92万1000人 ⇨ **2040 74万2000人**

※2018年は厚生労働省、2040年は社人研の推計

はじめに
人口減少日本が一目でわかる「未来の透視図」

出産可能な女性が減っていく

令和時代とは、どんな時代になるのだろうか？　多くの人がそんな思いをめぐらせていることだろう。

平和と繁栄の時代にならんことを願いたいものだが、一方で足元の現実から顔をそむけるわけにもいかない。令和時代は、間違いなく少子高齢化、人口減少が進む時代となる。

人口が減り行くことを前提として日本社会をつくり直さない限り、われわれは真の意味での平和や繁栄は手にできないであろう。

ひとたび少子社会になると、これを脱却するのはきわめてむずかしい。少子化が「次なる少子化」をまねく悪循環におちいるからだ。

現在20歳の女性は、20年前に生まれた女児だ。25年前の女の赤ちゃんは25歳の女性へと成長した。これらの年齢の女性の人数を、いまさら増やすことはできない。

少子化とは、子どもの数が減るだけでなく、「未来の母親」を減らすことでもあるのだ。

現在、子どもを産んでいる女性の多くは25〜39歳だ。合計特殊出生率（1人の女性が生涯に出産する子ども数の推計）が現行の1.4台半ばの水準で推移したならば、この年齢層の女性数は今後、大幅に減っていく。国立社会保障・人口問題研究所（社人研）の推計によれば2040年には、2015年の4分の3ほどに減り、2060年代半ばにはおよそ半減となる。

子どもを出産できる若い女性が半減する意味を理解するため、母親と

なりうる25 〜 39歳の女性数を「分母」、生まれる子どもの数を「分子」という分数をイメージしていただきたい。

2018年の年間出生数は3年連続で100万人を割りこみ約92万人だが、2060年代半ばの夫婦やカップルが、現在の2倍の水準の子どもをもうけて、ようやく現在と同じ90万人程度の年間出生数を維持できるということだ。

厚生労働省の人口動態統計は2017年の出生順位別の出生数を公表しているが、出生数94万6065人のうち第1子は43万9257人で全体の46.4%を占める。第2子は34万8833人（36.9%）、第3子以上は15万7975人（16.7%）だ。

この数字を参考にするならば2060年代半ばには子どもがいる家庭の半数近くは2人の子持ちで、5人、6人の子持ちという家庭も「珍しくない存在」になっていなければならない。未婚者や子どもをもたない夫婦・カップルが現在よりも増えたならば、子どものいる家庭の子ども数がもっと多い状況にならなければ、現在の出生数水準は維持しえない。

いまや6人もの兄弟姉妹となれば少数派であろう。成熟国家となった日本で、50年後の日本が多産社会に戻ることは想像しづらい。

残念ながら、多少のベビーブームが起こったところで日本の少子化はとまらないのである。はるか遠い将来には出生数が回復するかもしれないが、本書を手にしていただいた皆さんが生きられる時間軸でとらえた場合、ずっと日本人は減り続けると覚悟せざるをえない。この事実に、われわれはもっと真剣に向き合う必要がある。

人口減少社会のさまざまな弊害

では、人口減少社会とは、どういう社会なのであろうか。

日本の人口減少スピードは凄まじい。社人研（国立社会保障・人口問題研究所）の将来推計人口によれば、1億2700万人を数える日本の総

はじめに

　人口は、40年後に9000万人を下回り、100年も経たないうちに5000万人ほどに減る。これだけの規模、ハイスピードで減少していくのだから、社会が激変しないわけがない。われわれは、日本の歴史のなかで"きわめて特異な時代"を生きていると認識すべきだ。

　人口減少社会を、単に「人口が減ること」と理解したのでは本質を見誤る。

　年齢によっても、地域によっても減少のペースが大きく異なる。総人口は減り始めたが、2042年までは高齢者（65歳以上の人口）はむしろ増える。しかも、今後増えるのは、80代以上の「高齢化した高齢者」だ。

　その後は、高齢者を含め、全世代の人口が減っていく。われわれはしばらくの間、高齢者対策に追われ、その後は人口減少への対策を求められることになる。

　その対策も一筋縄ではいきそうにない。少子化の影響で勤労世代は大きく減るからだ。かなり効率的でスリムな社会につくり替えなければ、社会全体が機能しなくなることだろう。

　しかも、人口減少や少子高齢化は全国一律で進むわけではない。当面は東京への一極集中が続くとみられる。一方ですでに過疎化が進んだ地域では、出生数の減少に加えて、人口の流出が拡大している。やがて自治体機能を維持できなくなる市町村が全国的に続出することだろう。

　少子高齢化や人口減少にともなう激変は、間違いなくわれわれの暮らしに影響をおよぼし、価値観の転換をはじめとする「変化」を求めてくるだろう。

　ビジネスシーンからしてそうだ。国内マーケットが縮小し、しかも消費者の半数近くは高齢

廃墟と化した長崎県長崎市の島である池島の団地。70年代には約8000人ほど住民がいたが、現在は約150人にまで減少してしまった。

者となるのだから、消費量も嗜好も大きく変わる。

反対に、働き手世代が著しく減るのだから、「大量生産・大量販売」という戦後の成功モデルは成り立たなくなる。

変化を迫られるのはビジネスモデルだけではない。働き手世代の減少は国民の暮らしの安全や安心を根本から揺るがすことにもなりかねない。警察官や消防士、自衛官などは「若い力」を必要とするが、こうした職種の担い手が不足すれば、社会そのものが成り立たなくなる。

▌未来は変えられるものもある

では、こうした状況に、われわれはどう対処すればよいのだろうか。

人口減少に真に歯止めをかけようと思えば、出生数を回復させるしかない。だが、それはかなりの時間を要する。その成果を待っている間も、高齢化は進み、若い世代ほど人口が減っていく。遠い将来を見すえ、少子化対策を一時たりとも怠るわけにはいかないが、同時に当座直面する人口減少の課題にも立ち向かっていかなければならないというきわめてむずかしい挑戦をせざるをえないのである。

現状を維持せんがために無理に無理を重ねても、どこかで行き詰まるだけだ。

こうした難題に挑むには、これから起こる「不都合な真実」から目をそむけず、正しく理解する必要がある。よく理解したうえで、「変えられない未来」と今後の努力次第で「変えられる未来」とを選別し、戦略を立てて新たな状況に適応していくことだ。敵を知らずして作戦の練りようもない。

しかしながら、人口減少にともなう影響というのは、日々の変化に乏しく、具体的な危機感として共有しづらい。とはいえ、多くの人々が危機感をもたねば、いくら戦略を立てても結果はついてこない。

では、どうすべきか。「百聞は一見に如かず」という。百回聞くよりも、

はじめに

たった一度でも自分の目で見たほうが確かだという教えだが、さすがに未来の出来事を見るわけにはいかない。そこで本書は今後起こりうる出来事をわかりやすい図表にすることにした。ビジュアル化したほうが、イメージとしてとらえやすいと考えたからだ。

生まれたときからインターネットに囲まれている、まさに"デジタル・ネイティブ"である「令和世代」の子どもたち。彼、彼女たちの未来は、どのようなものになるのだろうか。

ふんだんに図表を使うことで日本社会がこれからどう変わっていくのかを俯瞰できるようにした。原則、見開きページごとにテーマを1つずつ取り上げ、文章はあくまでグラフィックを補足する説明文の役割に徹した。いわば、ながめるだけで「日本の未来」を読み解くことができる「未来の透視図」である。

未来の透視図を俯瞰したうえで、人口激減社会への対応策として、欠いてはならない視点を示した。それは「国難」とも言うべき、人口減少問題に対する私の緊急提言だ。令和時代にわれわれが成し遂げなければならないことと言ってもよい。

変化は時に"痛み"をともなうものである。だが、日本の人口減少は、われわれが現状に立ちどまることすら許してはくれない。

これまでの常識や慣例、成功モデルを捨て去るには大きな勇気、覚悟が求められるが、時代の変化に先んじて、われわれのほうが積極的に変わろうとしないかぎり、この国は早晩、貧しくなることだろう。

本書が令和時代における「日本の豊かさ」を維持せんがための一助とならんことを切に願う。

河合雅司

河合雅司の**未来の透視図** 目前に迫るクライシス2040　もくじ

口絵　　クライシス2040……1

はじめに　人口減少日本が一目でわかる「未来の透視図」……5

第1章　「人生100年時代」の到来 ──高齢者の激増

あなたの骨を拾う人はだれなのか？「超・高齢者大国」はリスク大国だ！……14

65歳以上の高齢者の割合が高まり、若者は減っていく……16

歩いて食料品が買えない！　東京圏でも発生する「買い物難民」……18

故郷の両親が「人身事故」を起こす！　高齢者の車が「凶器」となる日……22

意外と長い「要介護」期間、「老老介護」は限界、虐待事件も起こった！……24

救急車が「看取りカー」になる？　医療現場も高齢の医者ばかり……26

女性高齢者の多くが「貧困者」？　おばあちゃんの年金は4割少ない……28

だれにも看取られず「孤独死」する高齢者は10年間で倍増……30

火葬場が足りず、遺骨も引き取られず「死して屍 拾うものなし」……34

第1章まとめ　「死に方」を考える……37

第2章　「24時間社会」の崩壊 ──勤労世代の激減

壊れたエアコンすら直せない！「技術者不足」で経済が大渋滞？……40

「若い労働者の減少」、「後継者不足」で中小企業が消えていく……42

消費の主役は高齢者しかいない？　縮む市場で立ちすくむ若者たち！……44

若者が消え、治安が悪化する!!　町が、そして日本が消える!?……46

介護人材が2025年に38万人足りなくなる！
働き盛りの「介護離職」が増加……48

「ダブルケア」のため離職する人も！　介護負担は増大し再就職も困難に……50

第2章まとめ　「暮らし方」を考える……53

第3章　「未来の母親」がいなくなる ──出生数の激減

「無子高齢化」社会がやってきた！　地方に子どもがいなくなる！……56

高校野球の地区大会ができない？　夏の風物詩・甲子園が消える……58

2035年には男性の3人に1人、女性の5人に1人が未婚！……60

出産可能な女性が消えていく！　子どもはもう生まれない……62

出産可能な女性が消える全国ランキング……65

　　第3章まとめ 「生き方」を考える……66

第4章 **悲しすぎる地域の未来 ── 全国で町やモノが消滅**

全国で町が消える！……68

エリア別人口ハザードマップ……69

地方と都会、これだけ違う　30年後に高齢者の増えるエリア……76

大都市圏は高齢化が目立ち、地方圏では労働者人口が減少する……78

美術館→救急病院→銀行の順に消えていく生活インフラ……80

両隣は空き家、目の前は「だれのものかわからない土地」だらけ……84

老朽化する橋やトンネル、水道管、それなのに利用者は減少する……86

高齢者ばかりの「老いる東京」　2030年をピークに人口減！……88

都民を襲う「医療・介護地獄」　高齢者は東京で暮らせない……90

　　第4章まとめ 「住まい方」を考える……92

第5章 **ではどうする？「戦略的に縮む」ための5つの提言**

日本人は生きていけるのか……94

最初に着手すべき労働者問題……95

「戦略的に縮む」とはなにか……97

豊かさを維持するために……102

拠点国家を構想せよ……103

拠点は地方創生につながる……104

おわりに　　　いつから「未来」という言葉が暗い意味になったのか……106

あとがき その1 「未来の年表」の副読本……108

あとがき その2 不便さを容認せざるをえない社会の到来……110

本書の活用方法

本書の知りたい情報を一目でわかるようにチャートにしました。
ご活用ください。

死んだらどうなるのか
⇒ 📖14ページ、📖30ページ、📖34ページ

病気になったらどうなるのか
⇒ 📖26ページ、📖50ページ、📖80ページ、📖90ページ

これから介護をどう考えるべきか
⇒ 📖24ページ、📖48ページ、📖50ページ、📖90ページ

東京での生活はどうなるのか
⇒ 📖18ページ、📖76ページ、📖78ページ、📖88ページ、📖90ページ

地方での生活はどうなるのか
⇒ 📖22ページ、📖46ページ、📖68ページ、📖69ページ、📖76ページ、📖78ページ、📖80ページ

働き手の動向が気になる
⇒ 📖40ページ、📖42ページ、📖48ページ、📖50ページ、📖78ページ

いま住んでいる地域はどうなるのか
⇒ 📖46ページ、📖80ページ、📖86ページ

結婚しない子どもの将来が心配
⇒ 📖60ページ、📖62ページ、📖65ページ

田舎の老いた両親がどうなるのか
⇒ 📖22ページ、📖46ページ、📖76ページ

女性のひとり暮らしはどうなるのか
⇒ 📖18ページ、📖28ページ、📖30ページ、📖32ページ

若者の未来はどうなるのか
⇒ 📖16ページ、📖44ページ、📖46ページ、📖56ページ、📖58ページ、📖60ページ

日本の経済はどうなるのか
⇒ 📖16ページ、📖40ページ、📖42ページ、📖44ページ、📖48ページ、📖50ページ

第1章

「人生100年時代」の到来
──高齢者の激増

あなたの骨を拾う人はだれなのか？

高齢者の多くは75歳以上の超高齢者になる
65歳〜74歳と75歳以上の人口推移

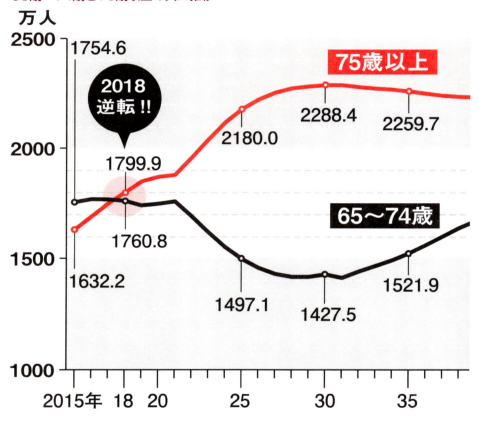

　国連の定義では、高齢化率（総人口に占める65歳以上の割合）が**7％**を超えると「**高齢化社会**」、**14％**を超えると「**高齢社会**」、**21％**を超えると「**超高齢社会**」とされる。日本はすでに**4人に1人が高齢者**（65歳以上）という超高齢社会に突入しているが、「高齢者の高齢化」は進行し続ける。

　国立社会保障・人口問題研究所の日本の将来推計人口（2017年）によると、2018年には75歳以上の人口が65歳〜74歳人口を上回るとされる。**「高齢者」**

第1章 「人生100年時代」の到来——高齢者の激増

「超・高齢者大国」はリスク大国だ!

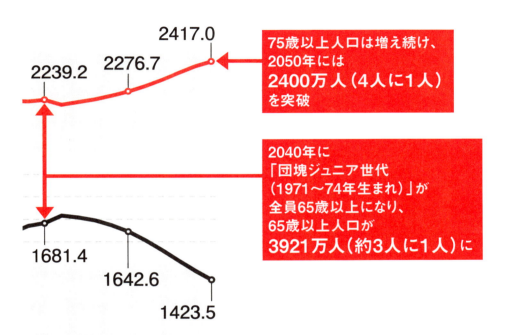

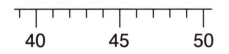

　の過半数が75歳以上ということだ。75歳以上は今後も増え続け、2050年には推定総人口の約4人に1人に当たる2400万人が75歳以上となる。
　逆に、少子化が進む日本では65〜74歳の人口は長期的に減少していき、2050年には1423.5万人と2018年に比べ300万人以上減る。政府は労働力不足の切り札として高齢者の活用を進めるが、体が動く比較的若い高齢者はそう多くない。

65歳以上の高齢者の割合が高まり、

Q&A

100年後の日本の人口は？

総人口は56％減
65歳以上は43％減
64歳以下は60％（5分の3）減

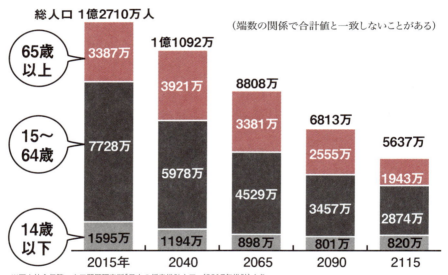

※国立社会保障・人口問題研究所「日本の将来推計人口」（2017年推計）より

　2015年に1億2710万人の人口を抱える日本はその100年後、人口5637万人になると予測されている。人口が減っていくだけではない。深刻なのは高齢者の割合が増えていくことだ。2015年に約26％だった高齢者の割合は、2115年には約34.5％になる。3人に1人が高齢者という時代がやってくる。

第1章 「人生100年時代」の到来——高齢者の激増

若者は減っていく

Q&A
高齢者の割合はなぜ増える？

→ 男性の6割が80歳、
女性の半数が90歳まで生きるから

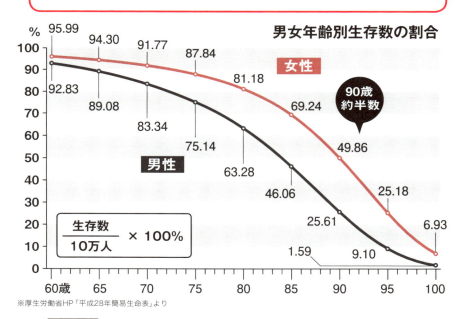

男女年齢別生存数の割合

※厚生労働省HP「平成28年簡易生命表」より

 用語解説

「将来推計人口」とは
将来における人口の増減を算出するもの。5年ごとに行われる国勢調査による人口を基礎（基準人口）として、出生・死亡（「人口動態統計」）、出入国（「出入国管理統計」）、転出入（「住民基本台帳人口移動報告」）等の人口動向から各月・各年の人口を算出。日本では2008年をピークに大幅な人口減少に向かっている。

⇒消費の主役は「シルバー層」へ（44ページ）

歩いて食料品が買えない！

客が減り
つぶれる

店主が高齢化で
廃業

利用者減で
採算取れず廃止

　少子高齢化が進むなか、食料品といった生活必需品を売っている店舗であっても、客が減って経営が厳しくなったり、後継者がいなくて廃業を余儀なくされたりする例は多い。**近くに店がない**ため遠くの店舗まで買い物に行こうにも、バスや電車などの公共交通機関は廃止になっている地方も多い。足腰が弱った高齢者は、500メートルを歩くのもやっとだ。寝たきりの人が増えてくることもあり、厚労省の調査では、**70歳を超えると1日の平均歩数はぐっと減ってしまう。**

　こうした**「買い物難民」**がすでに3人に1人になっている県もある。人口が多く、店舗の数も多い**東京圏であっても例外ではない**。農林水産政策研究所の食料品アクセスマップでは、500メートル内に生鮮品販売店舗がない住民が6割を超す地域が、東京周辺でも多く存在している。

　自力で店舗に行けない高齢者にとって、頼みの綱はインターネットショッピングだ。ただ、**ネットで買い物をしてもそれを届けてくれる宅配便業者が、取扱量の急増と人手不足でパンク寸前**なのである。

⇒宅配便業者はパンク寸前（21ページ）

第1章 「人生100年時代」の到来──高齢者の激増

東京圏でも発生する「買い物難民」

すでに東京圏でさえ「買い物難民」発生中
生鮮品販売店舗まで500メートル以上の住民が6割以上の地域

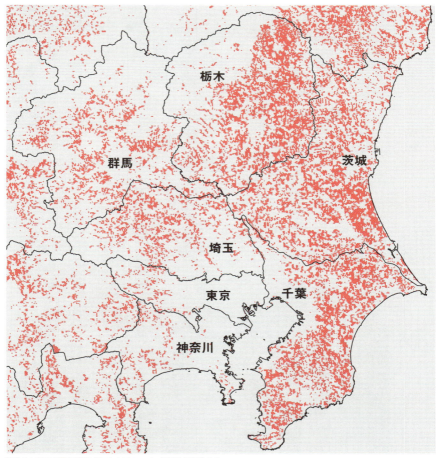

※農林水産政策研究所「食品アクセスマップ」(2013年6月)より

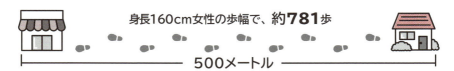

「買い物難民」地方ではもっと深刻

店舗まで500m以上かつ自動車利用困難な65歳以上高齢者の割合

順位	都道府県	割合
1	長崎	34.6%
2	青森	33.8%
3	秋田	31.1%
4	愛媛	30.9%
5	鹿児島	30.5%

※農林水産政策研究所「食料品アクセス困難人口の推計（都道府県別）」(2018年)より

65歳以上の3人に1人が「買い物難民」になっている恐れが！

インターネットショッピングで解決するのか？

70歳代になると歩数が激減

1日に歩く歩数の年代別平均値

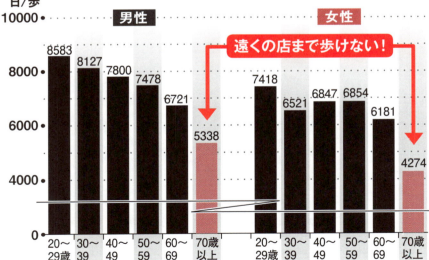

遠くの店まで歩けない！

男性: 20〜29歳 8583、30〜39 8127、40〜49 7800、50〜59 7478、60〜69 6721、70歳以上 5338
女性: 20〜29歳 7418、30〜39 6521、40〜49 6847、50〜59 6854、60〜69 6181、70歳以上 4274

※厚生労働省「国民健康・栄養調査」(2016年)より

第1章 「人生100年時代」の到来——高齢者の激増

高まる消費者のネット依存

ネットショッピングの1世帯当たり1か月の支出総額

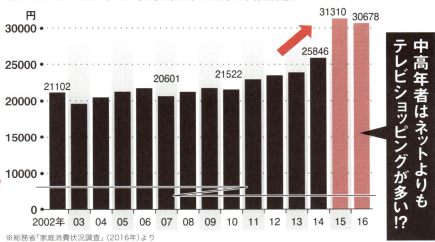

※総務省「家庭消費状況調査」(2016年)より

宅配便激増で流通はパンク寸前

宅配便取扱数

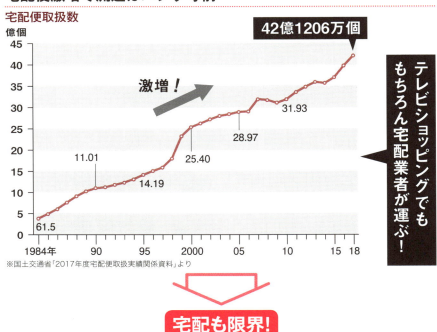

※国土交通省「2017年度宅配便取扱実績関係資料」より

宅配も限界!

⇒「車で買い物」も限界(22ページ)

故郷の両親が「人身事故」を起こす!

75歳以上の高齢ドライバーの死亡事故は2倍以上

年齢層別免許人口10万人当たり死亡事故件数

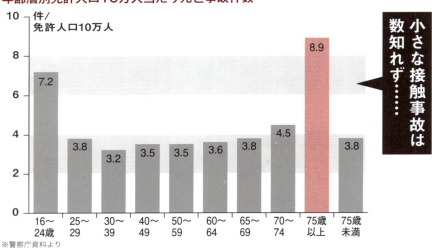

※警察庁資料より

75歳の免許保有者は増えるばかり

75歳以上の運転免許保有者数の推移

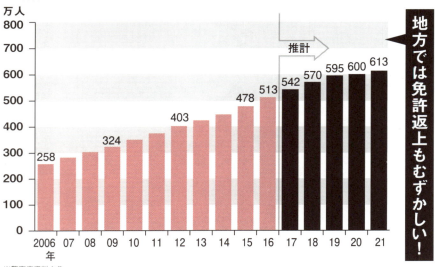

※警察庁資料より

第1章 「人生100年時代」の到来――高齢者の激増

高齢者の車が「凶器」となる日

認知機能検査受検者の検査結果

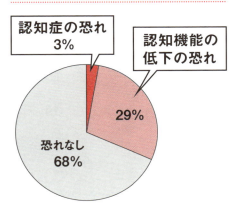

※警察庁まとめより

出かけるにも買い物をするにも、公共交通機関が不便な地方においては高齢者の多くが車に頼らざるをえない。ところが、**75歳以上の高齢ドライバーによる死亡事故は多く**、ドライバーの認知機能低下がみられることも多い。

過疎化により、地方では地域住民の足を支えてきたバスなどの路線廃止が相次いでいる。車がなければ暮らしていけないなか、高齢者の車を「凶器」に変えないための方策が求められる。

乗り合いバスの路線廃止状況 (高速バス除く)

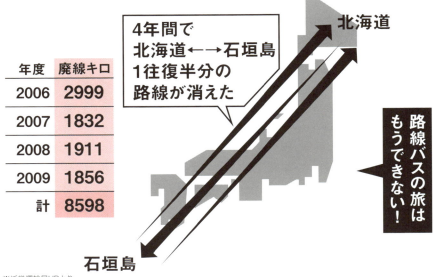

※近畿運輸局HPより

意外と長い「要介護」期間、「老老介

介護する人の「高齢化」がとまらない

65歳以上の要介護者を介護する同居家族の半数は65歳以上

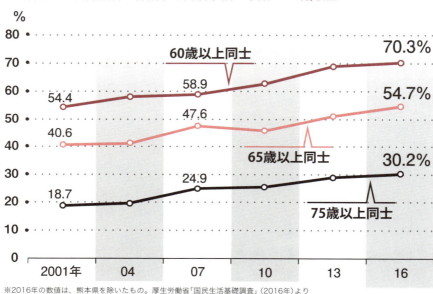

※2016年の数値は、熊本県を除いたもの。厚生労働省「国民生活基礎調査」(2016年)より

意外と長い介護期間

女性高齢者の介護は平均13年！（平均寿命－健康寿命）

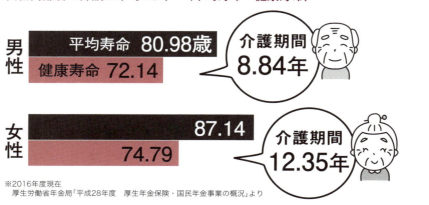

※2016年度現在
　厚生労働省年金局「平成28年度　厚生年金保険・国民年金事業の概況」より

第1章 「人生100年時代」の到来──高齢者の激増

護」は限界、虐待事件も起こった!

家族による高齢者虐待も起きている

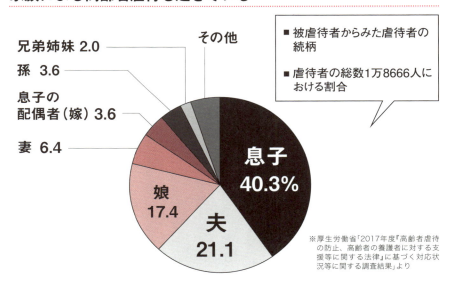

※厚生労働省「2017年度『高齢者虐待の防止、高齢者の養護者に対する支援等に関する法律』に基づく対応状況等に関する調査結果」より

　高齢化にともない、介護をされるほうも介護を担うほうも高齢者という「老老介護」が増加している。厚生労働省の国民生活基礎調査によると、同居する60代以上の家族を介護する人が60代以上という割合は、2001年には半数強だったが、16年には7割になった。**介護される人も介護する人も75歳以上という「超老老介護」も増え続けている。**

　日本人の平均寿命は男女とも更新し続けており、男性80.98歳、女性87.14歳だが、健康に問題がなく日常生活が送れる「健康寿命」は男性72.14歳、女性74.79歳だ。その差は男性で8.84年、女性で12.35年あり、これが介護などが必要となる恐れがある期間とされる。

　長期にわたる介護期間中には、家族による高齢者虐待も起きている。厚労省の調査では、16年度に家族から虐待を受けた1万8666人のうち、4割が息子、2割が夫からだ。核家族化や少子化で介護を担える家族は少ない。高齢化の厳しい現実がここにも横たわっている。

 ⇒介護離職(48ページ)

25

救急車が「看取りカー」になる?

救急車の出動件数最多を更新
救急車による救急出動件数および搬送人員数

※総務省消防庁「平成29年版 救急・救助の現況」より

医療現場も高齢化

 高齢化は救急医療の現場にも大きな影響を与えている。全国で救急搬送される患者の高齢者の割合は増加の一途をたどり、受け入れる側の**医師の高齢化**も目立つ。交通事故や急病でなく終末期の高齢者が搬送される救急車は、さながら「**看取りカー**」だ。自宅での最期を望む高齢者が救急搬送された結果、望まぬ延命治療を受ける例も多い。

 消防庁のデータでは、20年前には救急搬送される患者の3割だった65歳以上の高齢者は2017年には6割近くになっている。医療の現場も特に地方の診療所で高齢医師の割合が高くなっている。

医師も高齢化

第1章 「人生100年時代」の到来──高齢者の激増

医療現場も高齢の医者ばかり

救急車で運ばれる患者の約6割が高齢者

年齢区分別の搬送人員数と高齢者（65歳以上）の割合

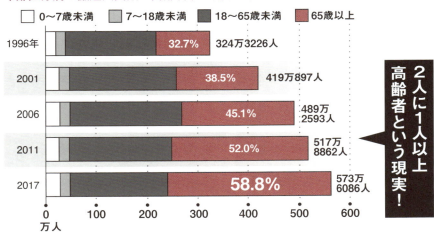

※総務省消防庁「平成29年版 救急・救助の現況」より

患者を診る医師も高齢化

70歳以上の診療所医師の割合（2012年）が大きい都道府県
（沖縄県は高齢化がもっとも低く、東京都は参考までに掲載）

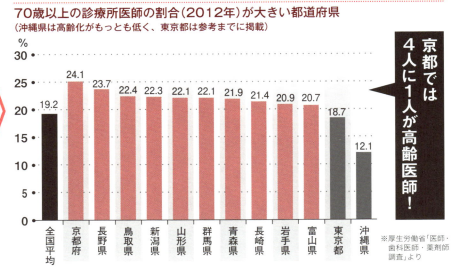

※厚生労働省「医師・歯科医師・薬剤師調査」より

⇒多死社会（34ページ）

女性高齢者の多くが「貧困者」?

延びつづける平均寿命、2040年に女性は90歳を突破

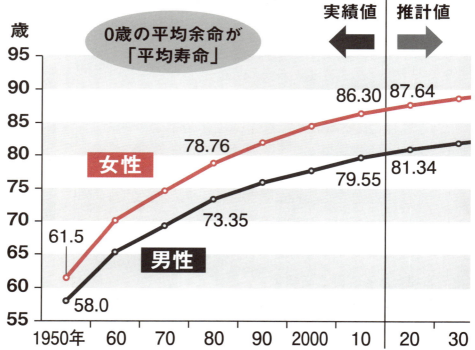

※1950年及び2010年は厚生労働省「簡易生命表」、1960年から2000年までは厚生労働省「完全生命表」、2020年以降は国立社会保障・人口問題研究所「日本の将来推計人口(平成29年推計)」の出生中位・死亡中位仮定による推計結果。1970年以前は沖縄県を除く値
内閣府「平成29年度 高齢社会白書」より

再就職先がスムーズに決まった割合
生活保護受給世帯の過半数は高齢者世帯

男性 67.1%
女性 40.0%

「前職と同じような仕事を続けたかったが、あきらめた」という女性は13.3%で、男性(3.9%)の約3.4倍。

※第一生命経済研究所2016年10月の調査より

だからといって女性の再就職はむずかしい

第1章 「人生100年時代」の到来――高齢者の激増

おばあちゃんの年金は4割少ない

お金が足りない高齢者は多い
生活保護受給世帯の過半数は高齢者世帯

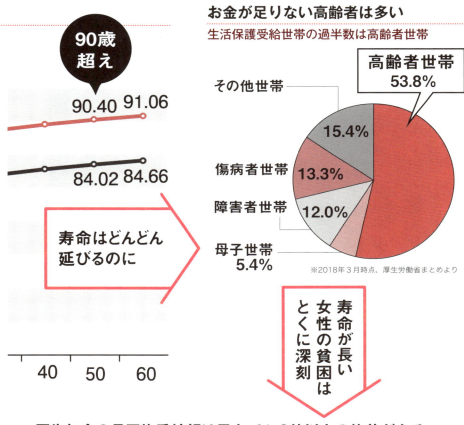

90歳超え
90.40　91.06
84.02　84.66

寿命はどんどん延びるのに

40　50　60

- 高齢者世帯 53.8%
- その他世帯 15.4%
- 傷病者世帯 13.3%
- 障害者世帯 12.0%
- 母子世帯 5.4%

※2018年3月時点、厚生労働省まとめより

寿命が長い女性の貧困はとくに深刻

厚生年金の月平均受給額は男女で1.6倍以上の格差がある

平均　14万5638円

男性　16万6863円

女性　10万2708円

こんなところにも男女格差が!

※2016年度末現在、厚生労働省年金局「平成28年度 年金保険・国民年金事業の概況」より

⇒孤独死（30ページ）

だれにも看取られず「孤独死」する

東京都の「孤独死者数」は年間**3000人**を超える

東京23区内におけるひとり暮らしで65歳以上の人の自宅での死亡者数

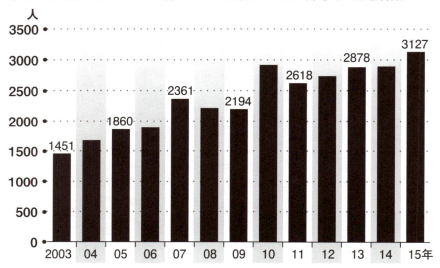

※東京都福祉保健局東京都監察医務院「東京都23区内における一人暮らしの者の死亡者数推移」より

　ひとり暮らしの高齢者が自宅で死亡する「孤独死」が増えている。東京23区内では、**10年間で孤独死が倍増**。2015年には初めて年間3000人を超えた。都内だけで、1日平均8.6人が孤独死している計算になる。

　実際に、厚生労働省の調査では脳卒中などの脳血管疾患、心筋梗塞などの心疾患、そしてがんによる死亡率は少しずつ減少、あるいは横ばいなのに、老衰で死亡する人は増加傾向だ。厚労省の別のデータでは、65歳以上になると死に直結することも多い「三大疾病」にかかる人の割合がどんどん増えていく。当然のことだが、年を取ると病気になるリスクが高まるということだ。しかし、病気を抱えながらも長生きをして、老衰で死亡する人も多いのが「超高齢社会」の実態といえそうだ。

　では次に、どんな人が孤独死する危険が高いのかみてみよう。

第1章 「人生100年時代」の到来——高齢者の激増

高齢者は10年間で倍増

老衰で死ぬ人が急激に増えている

65歳以上の高齢者のおもな死因別死亡率の推移

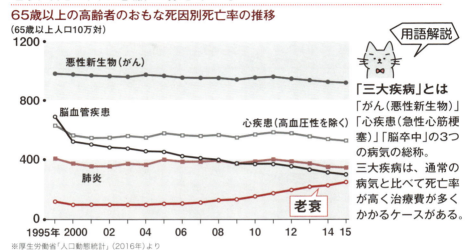

用語解説

「三大疾病」とは
「がん（悪性新生物）」「心疾患（急性心筋梗塞）」「脳卒中」の3つの病気の総称。
三大疾病は、通常の病気と比べて死亡率が高く治療費が多くかかるケースがある。

※厚生労働省「人口動態統計」（2016年）より

三大疾病になる人は65歳以上からどんどん増えていく

三大疾病の年齢別受療率

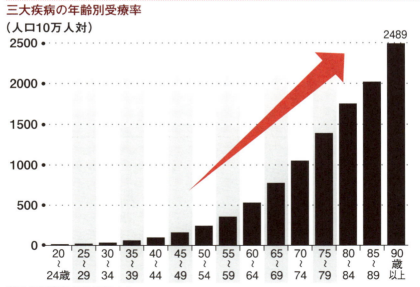

※厚生労働省「2014年患者調査」より

「孤独死予備軍」が増加中
女性はすでに「5人に1人」がひとり暮らしの高齢者（65歳以上）

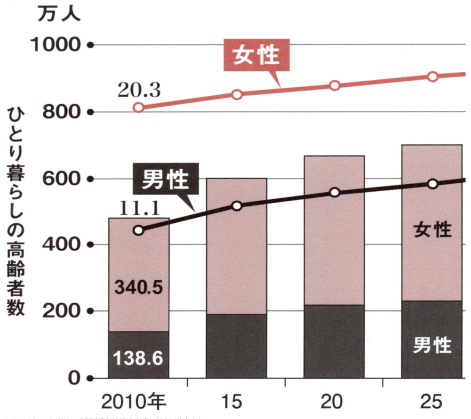

※2010年は実績値。内閣府「高齢社会白書」（2018年）より

こんな事件も……

2011年1月8日、大阪府豊中市のマンション5階の一室でこの部屋に住む63歳と61歳の姉妹が死亡しているのが、警察官らによって発見された。2人はいずれも前年12月22日ごろに死亡したとされ、体重は約37キロ、約30キロにやせ細っていた。姉妹の父親は「資産家」として知られていたが、部屋は電気やガスが止められており、生活が苦しかったとみられる。「元資産家姉妹孤独死事件」として大々的に報じられた事件だが、高齢者の孤独死の多くは報じられることもない。千葉県松戸市によると、17年に同市内の自宅で孤独死した50歳以上は226人で、統計を取り始めた07年以降最多を更新した。

第1章 「人生100年時代」の到来――高齢者の激増

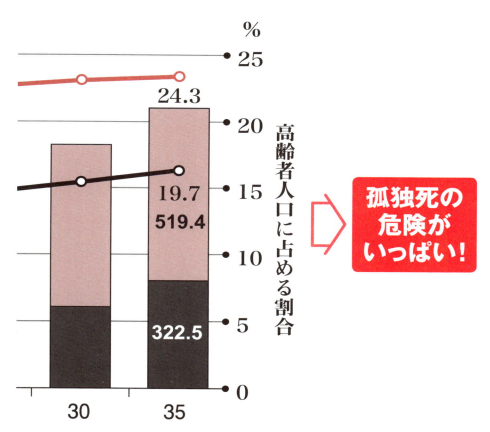

　内閣府の「高齢社会白書」（2018年）によると、女性高齢者の約5人に1人がすでにひとり暮らしだ。この割合は増え続け、**2035年には約4人に1人がひとり暮らしになる**と予想される。平均寿命が長い女性は夫を看取って独居になる例が多く、さらには女性の生涯未婚率の高まりから、今後も高齢女性の独居は増えていくだろう。

　体が不自由になるなどして施設に入居する女性も多いものの、無年金や低年金で経済的に貧しい女性は施設に入るのもむずかしい。身寄りがなく貧しい高齢女性には、**孤独死の危険がつきまとう孤独死予備軍**となる。

 ⇒多死社会（34ページ）

33

火葬場が足りず、遺骨も引き取られず

2039、2040年に死亡者数がピークにたっする

死亡者数の将来推計

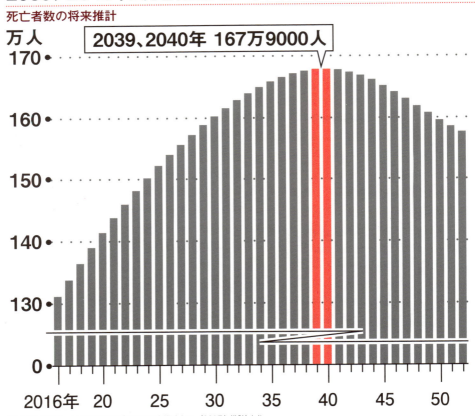

※国立社会保障・人口問題研究所「日本の将来推計人口」(2017年推計)より

　高齢社会の先には、「多死社会」が待っている。国立社会保障・人口問題研究所の推計では、日本の年間死者数は戦後最多を更新し続けており、2039〜40年ごろに約168万人とピークを迎えるとされる。**1日当たり約4600人**が死亡する計算だ。

　深刻となるのが**火葬場不足**である。厚生労働省の資料では、全国で稼働する火葬場の数は2014年時点で**1453か所**。これらがすべて稼働を続けたとしても、

第1章 「人生100年時代」の到来──高齢者の激増

「死して屍拾うものなし」

火葬場が足りない

1日当たり 4600人死亡 / 全国で稼働火葬場 1453か所（平成26年度）＝ 1日平均火葬数 3.2回?!

※厚生労働省衛生行政報告より

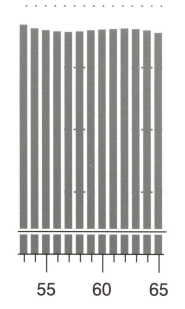

2039～40年には**1日当たり平均3.2回の火葬**を行わないといけない。早朝から深夜まで1日に何度も火葬したり、炉の数を増やしたりといった工夫が必要だ。

人口が集中しており死者数が多くなることが予想される東京圏（東京、神奈川、埼玉、千葉）では、状況はより深刻だ。火葬場を増やそうにも、人口の多い地域では反対運動が起きやすく、新設がままならない事態も考えられる。

火葬場や葬儀場が順番待ちとなれば、**遺体を何日間も火葬できない、葬儀がとりおこなえないなどのトラブルも増えるだろう**。待機期間の短い地方に遺体を運んで葬儀をおこなう**「里帰り葬儀」も増加**するかもしれない。遺体を長期間安置するにしても、地方に搬送するにしても、葬儀費用の高額化はさけられない。

35

死んでも遺骨が引き取られないので「死にきれない」

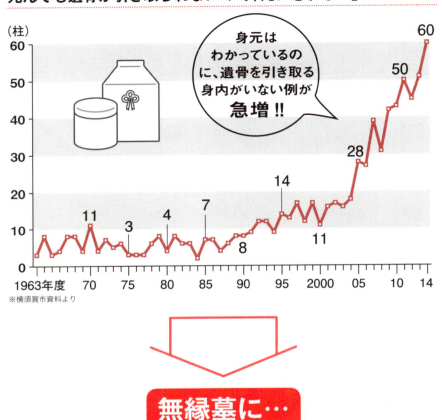

※横須賀市資料より

⇒ 無縁墓に…

　多死社会の問題は他にもある。少子化や親族関係の希薄化により、**死者の遺骨を引き取る人がいなくなる**のだ。その場合、死亡場所の自治体が遺骨を引き取ることになる。神奈川県横須賀市では2005年以降、引き取り手のない遺骨が急増。身元がわかっていても、親族がいなかったり拒否されたりする例が多いという。自治体の墓地に埋葬されたり、家を継ぐ人がおらず**無縁墓**になったり、まさに「死んでも死にきれない」時代がやってくる。

 ⇒あなたの住む町が消える（68ページ）

第1章　「人生100年時代」の到来——高齢者の激増

第1章まとめ

「死に方」を考える

　とある中部地方の中核都市。交差点を、サイレンを鳴らした救急車が走り抜けていった。病院の救急玄関に到着した救急車から出てきたのは、担架に寝かされた高齢の男性患者。配偶者だろうか。付き添いもまた、高齢の女性だ。

　休む間もなく救急隊員は次の現場へと向かう。約10分後、別の救急車が到着し、なかから出てきたのはまたも高齢の女性だった——。

　高齢社会が進行している。そんなことはとうの昔から言われてきた。でも、われわれは本当に、「高齢社会」を知っているのか。そんな疑問から、実際に目の前で起きていること、この先に起きることを第1章であぶりだした。

　日本で進行している「超高齢社会」とは、高齢者の人数が増えていくのではなく、高齢者の割合が高まっていく社会だ。支え手が不足することにより、社会の構造は大きく変わっていく。公共交通機関の廃止や店舗閉店により、米や野菜などの生鮮食料品を買うこともむずかしくなること、介護を必要とする期間が長くなり痛ましい事件が起きかねないこと、安心して老後を迎えるには金銭面の安定も望ましいが、現実的には高齢女性の公的年金に不安があること。

　人は年を取り、そして死んでいく。「高齢社会」の先には「多死社会」があり、そして今や、「死ぬこと」すらままならない時代にさしかかった。

　救急車を呼んでも、すぐに病院に担ぎ込まれることはむずかしいかもしれない。だれにも看取られず、孤独死する高齢者も増えてい

「シャッター通り」と化した商店街は、今後もますます増える(上)。当然、買い物難民となる高齢者も増えていく。

37

くだろう。死んだ後も、火葬場不足に悩まされ、無縁仏に直行だ。

では、そんな超高齢社会の「未来の透視図」を示されたわれわれが今、やっておくことはなにか。それは「死に方」を考えることだ。

厚生労働省の「人生の最終段階における医療に関する意識調査（2017年）」にこんな問いがある。

あなたは、人生の最終段階における医療・療養についてこれまでに考えたことがありますか

この問いに「考えたことがある」と答えたのは6割にとどまる。

どこでどのような医療や介護を受けたいのか。はたして、自分の年代でそれは可能なのか。だれになにを託し、死に方を考えることで、準備しておくべき課題が浮かび上がってくる。

だれも経験したことのない高齢社会を迎えるわれわれの未来を救うのは、予測から示される未来図への適切な対応策を考えることである。

20XX年、救急車で運ばれている高齢者は、あなたかもしれない。

治療法や延命術、そして財産分与に至るまで、死ぬまでに準備しておくべきことはあまりにも多い。

第 2 章

「24時間社会」の崩壊
——勤労世代の激減

壊れたエアコンすら直せない!

とまらないIT人材不足と高齢化
IT人材の供給動向の予測と平均年齢推移

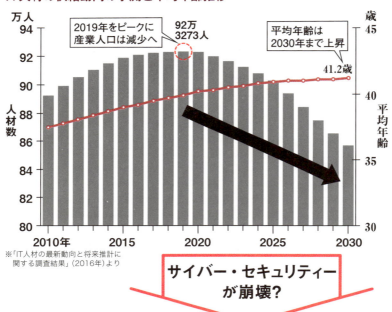

※「IT人材の最新動向と将来推計に関する調査結果」（2016年）より

サイバー・セキュリティーが崩壊?

サイバー攻撃の増加

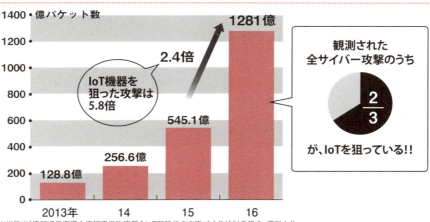

※総務省「情報通信審議会情報通信政策部会IoT新時代の未来づくり検討委員会」資料より

第2章 「24時間社会」の崩壊──勤労世代の激減

「技術者不足」で経済が大渋滞?

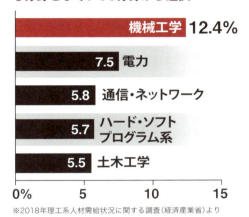

5年後に人材が不足する分野

5年後に技術者が不足すると予想される分野として、90分野から選択

分野	%
機械工学	12.4%
電力	7.5
通信・ネットワーク	5.8
ハード・ソフトプログラム系	5.7
土木工学	5.5

※2018年理工系人材需給状況に関する調査(経済産業省)より

ITだけじゃない技術者不足はあらゆる分野で起こる!

　資源のない日本は、技術で繁栄してきた「技術立国」である。だが、その足下がゆらいでいる。経済産業省の「IT人材の最新動向と将来推計に関する調査結果」をみると、**IT産業の労働者は2019年をピークに減少**に転じる。IT産業は情報化が進む世界で欠かすことのできない分野であり、インターネットに接続された家庭用機器などを狙う**サイバー攻撃も増加の一途**だ。しかし、この分野で働く労働者はどんどん減ることが予想されるのである。

　IT産業だけではない。経産省が2017年度に企業を対象におこなったアンケート調査では、5年後に技術者がもっとも足りなくなる分野として、「機械工学」をあげる企業が最多だった。技術立国を支えてきた団塊の世代が退職し、若手を十分に採用できない。となると、**エアコンやテレビといった家電の修理ですらむずかしい時代**が来るかもしれない。

「若い労働者の減少」、「後継者不足」

2025年までに経営者引退で廃業する企業が続出

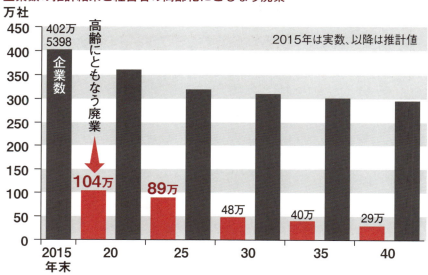

企業数の推計結果と経営者の高齢化にともなう廃業

※財務省財務総合政策研究所「フィナンシャル・レビュー」(2017年)より

　財務省財務総合政策研究所のデータでは、経営者の高齢にともなう引退によって**廃業する企業の数は今後5年間で100万社以上**と予想されている。少子化により血縁の後継者がおらず、やむなく廃業を選ぶ経営者も多いとみられる。

　高齢化していくのは、経営者だけではない。2016年度「国土交通白書」では、自然災害や老朽化したインフラに対応する**建設業界ではすでに、労働者の3分の1が55歳以上**という衝撃的な数字が紹介されている。定年延長や定年制の廃止によって企業で働く65歳以上の労働者は急増しているが、いつまでも働けるものではない。

　ＡＩ（人工知能）などの技術の進歩で労働力をおぎなうにしても、**賃金の安い若手の人手不足は今後も続く**。高齢社員の退職金が企業の経営を圧迫する事態も考えられる。経営者も労働者も高齢化した企業はいずれ立ちゆかなくなる。

第2章 「24時間社会」の崩壊—— 勤労世代の激減

で中小企業が消えていく

「職人さん」が雇えない、建設業の労働者の3分の1は55歳以上

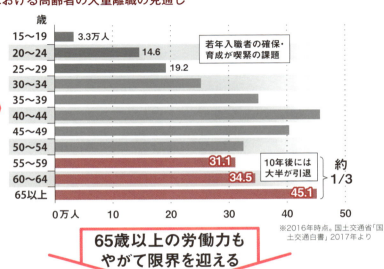

建設業における高齢者の大量離職の見通し

労働者の3分の1が10年後に引退

※2016年時点。国土交通省「国土交通白書」2017年より

65歳以上の労働力もやがて限界を迎える

従業員51人以上の企業で働く65歳以上労働者

12年で約5倍増!!

※厚生労働省2017年「高年齢者の雇用状況」より

消費の主役は高齢者しかいない?

拡大し続ける「高齢者市場」、2030年に市場の半数を占める

家計消費市場全体に占める60歳以上高齢者消費の割合と60歳以上消費額

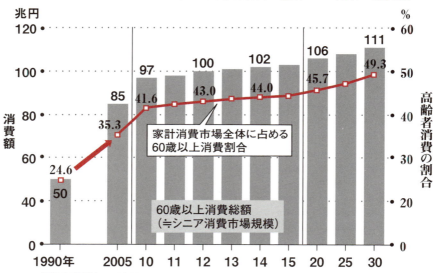

※ニッセイ基礎研究所試算(2013年)より

　ファッションも音楽もグルメも、流行は若者から始まる。そんな「常識」はもう過去のものとなったのかもしれない。ニッセイ基礎研究所の試算では**家計消費支出に占める60歳以上の割合は半数を占める**勢いで年々増加しており、今や消費の主役は高齢者だ。これからのビジネスは、高齢者向けを意識せずしては成り立たない。

　一方の若者はといえば、**「車離れ」や「居酒屋離れ」「テレビ離れ」**が当たり前となり、高級ブランドより等身大のファッションを楽しむようになっている。総務省の全国消費実態調査では、30歳以上の男女の1か月の**食料費、特に外食費はどんどん減っている**。右肩上がりの賃金が約束された時代は去り、社会保障費や税金の負担がのしかかる世代、ぜいたくはせず堅実に消費する傾向は今後も続くだろう。

第2章 「24時間社会」の崩壊――勤労世代の激減

縮む市場で立ちすくむ若者たち！

洋服もお酒も買わない若者たち
単身30歳未満男女、月間支出額

> 市場の5割を占める若者の購買力は低下

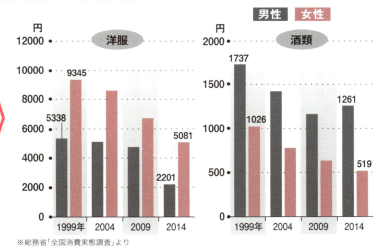

※総務省「全国消費実態調査」より

若い男女は自炊し食費をけずる
単身30歳未満男女の月間食料費

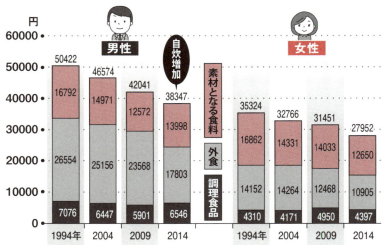

※総務省「全国消費実態調査」より

若者が消え、治安が悪化する!!

1990年に100万人を割り、減り続ける消防団員

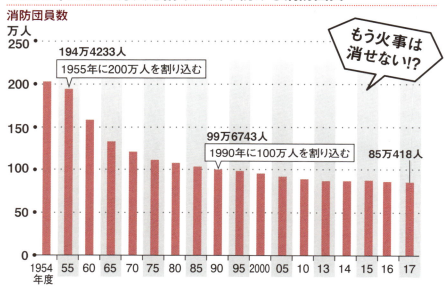

※総務省消防庁「消防団の現状と課題」(2017年)より

　勤労世代の減少は、地域力の低下を招く。消防庁によると、火災や大規模災害が発生した際などに消防署員と協力して消火や救助活動に当たる**地域の消防団員は、1990年に100万人を割り込んで以来、減少が続いている**。

　また、全国保護司連盟によると、犯罪や非行を犯した人の立ち直りを地域で支える民間ボランティアである**保護司は、2017年に約8割が60代以上**と高齢化していた。

　地域でつちかわれてきた文化の継承もむずかしくなっていて、文化庁の調査では15年12月1日現在、**18道府県で30の地芝居（地歌舞伎）が消滅、または活動中止**となっている。

　「まちの守り手」である警察官や自衛隊員といった若い力を必要とする仕事の人員確保がむずかしくなれば、**国防や治安、防災機能は低下**する。地域のみならず社会の破たんにつながる有事である。

第2章 「24時間社会」の崩壊——勤労世代の激減

町が、そして日本が消える!?

保護司の8割が60歳以上、地域の砦がいなくなる

保護司の年齢構成の推移

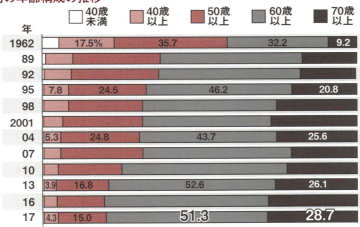

※数字は各年1月現在 全国保護司連盟HPより

18道府県で30の地芝居（地歌舞伎）が中止、消滅

北海道
1. 函館子ども歌舞伎（函館市）

岩手県
2. 軽石歌舞伎・中村座（奥州市）

宮城県
3. 本吉歌舞伎（気仙沼市）

埼玉県
4. 両神歌舞伎研究保存会（秩父郡小鹿野町）

新潟県
5. 中浦歌舞伎（三条市）

富山県
6. 猪谷歌舞伎（富山市）

石川県
7. 五十里歌舞伎（鳳至郡能登町）

山梨県
8. 白猿座・こども歌舞伎（大月市）

長野県
9. 上田真田歌舞伎（上田市）

愛知県
10. 東海春日井歌舞伎保存会（春日井市）
11. 豊川をとめ歌舞伎保存会（豊川市）
12. 立花劇団（豊川市）
13. 片山共進連（新城市）
14. 大海歌舞伎（新城市）
15. 川路歌舞伎（新城市）
16. 壮武連（新城市）
17. 東郷歌舞伎（愛知郡東郷町）
18. 弥栄劇団（額田郡幸田町）

京都府
19. 船屋台歌舞伎（与謝郡伊根町）

大阪府
20. 松尾塾子供歌舞伎（大阪市）

兵庫県
21. 谷上子供歌舞伎（神戸市北区）
22. やまなみ子供歌舞伎（神戸市北区）

島根県
23. 乙立歌舞伎同好会（出雲市）

岡山県
24. 壬生農村歌舞伎（美作市）
25. 美作地下芝居（美作市）
26. 勝央町歌舞伎（勝田郡勝央町）

山口県
27. 桂野芝居・節劇（岩国市）

長崎県
28. 川原ばやし（五島市）

宮崎県
29. 佐土原子ども歌舞伎（宮崎市）

※2015年度 文化庁『全国地芝居（地歌舞伎）』調査報告書より

介護人材が2025年に38万人足りなく

認知症の患者は増加の一途
65歳以上の要介護度別認定者の推移

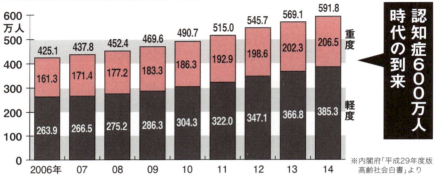

認知症600万人時代の到来

※内閣府「平成29年度版 高齢社会白書」より

(注)本グラフでは要支援1〜要介護2までを「軽度」、要介護3〜要介護5までを「重度」と便宜上わけた。同白書によると要介護度別に介護時間でみると、要支援1から要介護2までは「必要なときに手をかす程度」がもっとも多くなっているが、要介護3以上では「ほとんど終日」がもっとも多くなり、要介護4と要介護5では約半数(53.9%、56.1%)が「ほとんど終日」介護している

2025年に介護人材が38万人足りなくなる
介護人材の将来的な受給予測

※厚生労働省資料(2015年6月24日付発表)より

> その結果、負担が家族(とくに50代女性!)にのしかかる

高齢化で介護の需要は高まるが、**介護人材の供給は追いついていない**。少子化で労働力そのものが減るなか、介護のため仕事を辞めたり、仕事をしながら介護する勤労世代が増えている。厚生労働省によると、**介護のため仕事を休む労働者に支払われる給付金は年々増加**し、男性の介護休業取得も増えている。

第2章 「24時間社会」の崩壊──勤労世代の激減

なる！ 働き盛りの「介護離職」が増加

働きながら介護している人で一番多いのは50代女性！

介護している雇用者と雇用者総数に占める割合

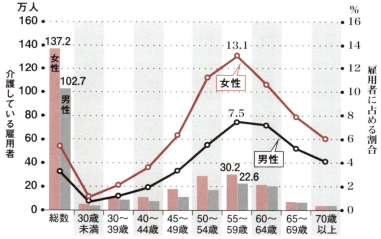

※総務省「就業構造基本調査」より

介護休業にともなう費用は男女とも右肩上がり

介護休業給付の受給者数と支給額

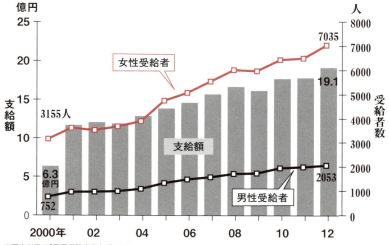

※厚生労働省「雇用保険事業年報」より

「ダブルケア」のため離職する人も!

出産年齢の高齢化で親の介護と育児が同時にやってくる「ダブルケア」の主役は働き盛り!

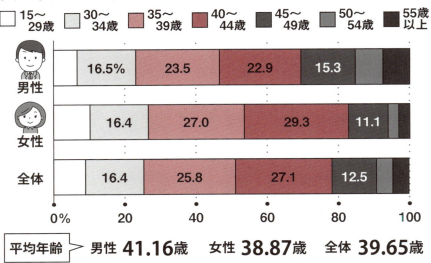

※内閣府「育児と介護のダブルケアの実態に関する調査」(2016年)より

　総務省の就業構造基本調査によると、2017年9月までの1年間に介護や看護を理由に退職した人は9万9000人いた。民間のアンケート調査では介護離職をした人の多くが、経済的にも精神的にも「負担が増した」と答えている。子育てと違い、先の予定が立ちづらい介護では、再就職の計画を立てるのもむずかしい。

　さらに見のがせないのが、出産年齢の高齢化により、親の介護と子育てを同時に担う「ダブルケア」をする人が少なくないことだ。内閣府が2016年にまとめた初の調査では、ダブルケアをする男女は25万2900人おり、そのうち8割が30〜40代の働き盛りだった。介護と子育ての費用に加え、自身の老後の資金も貯めないといけない世代だが、すでに右肩上がりの賃金上昇は見こめない時代だ。このままでは、**介護者自身が貧しい高齢者になりかねない。**

第2章 「24時間社会」の崩壊――勤労世代の激減

介護負担は増大し再就職も困難に

介護離職者の大半が負担増大

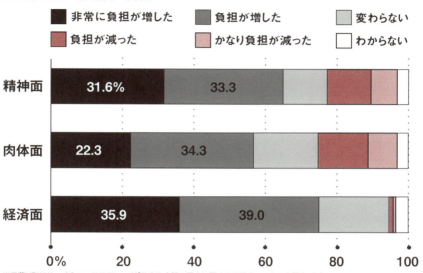

介護離職者の離職後の変化

- 非常に負担が増した
- 負担が増した
- 変わらない
- 負担が減った
- かなり負担が減った
- わからない

精神面 31.6% 33.3
肉体面 22.3 34.3
経済面 35.9 39.0

※三菱UFJリサーチ＆コンサルティング「仕事と介護の両立に関する労働者アンケート調査」より

同アンケートによると、
離職したものの再就職したのは **約7割** と高い。

1年未満に再就職しているのが

男性 51.1%
女性 35.7%

と少なくない。

認知症高齢者が認知症高齢者を介護する「認認介護」も！
65歳以上の認知症患者数の推定数

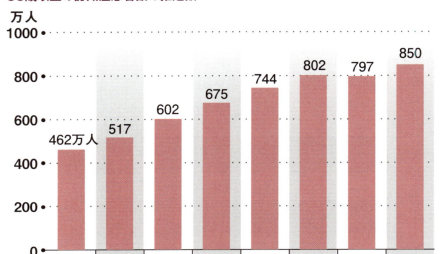

※2017年版「高齢社会白書」より

「ダブルケア」とともに、働き盛りの介護離職の原因となりそうなのが**認知症患者の増加**だ。国の研究班は、2060年には65歳以上の3人に1人が認知症になると推計している。認知症の予備軍である軽度認知障害（MCI）もふくめると、その割合はさらに増える。世界中の製薬会社が治療薬や予防薬の開発を進めるが、いまだ特効薬は存在しない。

　認知機能に衰えはあっても体は動く認知症高齢者の介護は、身体的な障害を抱えた高齢者とは別のむずかしさがある。認知症の男性が徘徊中に電車にはねられ死亡した事故では、鉄道会社が離れて住む息子を含む家族に賠償を求めて裁判となり、最高裁まで争われた。

　賠償責任は否定されたものの、**認知症高齢者の介護の責任をどこまで負うか**、勤労世代にも降りかかってくる問題だ。介護するほうもされるほうも認知症という「認認介護」の増加も社会問題となっている。

第2章 「24時間社会」の崩壊──勤労世代の激減

第2章まとめ

「暮らし方」を考える

「引っ越し難民」なる言葉が市民権を得てきた。進学や就職、転勤などで人々の移動が多い年度替わりになると、引っ越し業者が人手不足となり、希望日に引っ越しが予約できなかったり、通常時の何倍もの料金を支払ったりする事態が起きているのだ。

急速に発展したITによって、人々の生活は大きく変わった。24時間いつでも注文できるインターネット通販が拡大、それにともない宅配業の人手不足が叫ばれるようになった。便利さを追求した結果、不便になったり立ち行かなくなったりする業界がある。「人の手」が重要とされる医療や介護、福祉の現場ではとくに、深刻な人手不足が続いている。そのすべての理由こそ、第2章のテーマ「勤労世代の減少」である。

資源に乏しく技術で発展してきた日本だが、残念ながら今後は「技術者」が不足していく。それは何もIT分野にかぎらない。日本が得意としてきたテレビなどの家電分野でも、技術者不足は深刻化する。安い賃金で働かせることのできる若い労働者はどんどん減って、体力が求められる建築現場などの作業員も高齢化。後継者がおらず廃業する企業も出るだろう。定年延長などで当座はしのげても、いずれ立ち行かなくなる。商品づくりの面でも変革が求められる。車だ、ファッションだ、と若い人に向けてつくられていた商品は、若者の購買力低下によって、ターゲットを変えざるをえない。

もっとも深刻なのは、国防や災害対応などの地域の要となる仕事での高齢化と人手不足である。継承者がいない全国各地の文化も失われていく。介護を必要とする人は増えていくが、介護労働者は圧

高齢化と人手不足がますます深刻化する建築現場（上）。なかなか人材が定着しない介護の現場の負担も増すばかりだ。

53

倒的に足りていない。出産年齢が上がったことで、子育てと介護の「ダブルケア」でやむなく離職せざるをえない人もいるだろう。新卒一括採用が中心で雇用の流動化が進んでいない現状では、条件のいい再就職もむずかしい。

総務省の「社会課題解決のための新たなICTサービス・技術への人々の意識に関する調査研究（2015年）」によると、**国民のネットショッピングの利用率は7割を超えている。**便利なものが世の中に浸透するのは早く、60代以上でも7割以上にネットショッピングの利用経験があった。

もはやアマゾンで買えないのは家くらい!?

すべてにおいて便利さを追求してきた社会は今、転換期にある。手に入れた便利さを捨てるのは容易ではないが、変わる社会にわれわれの「暮らし方」も転換を迫られている。

第3章

「未来の母親」がいなくなる
──出生数の激減

「無子高齢化」社会がやってきた!

少子化最前線、出生数5人以下の自治体はこんなにある

年間出生数ゼロの自治体

出生数ゼロの自治体

福島県昭和村
奈良県黒滝村
上北山村

音威子府村
初山別村
西興部村
北海道
神恵内村

上小阿仁村
秋田県

長野県
平谷村
根羽村
天龍村
大鹿村
王滝村

粟島浦村
新潟県

福島県 檜枝岐村
金山町

群馬県 神流町
南牧村

山梨県 早川町
小菅村
丹波山村

島根県 知夫村

京都府
笠置町

東京都 利島村

岡山県 新庄村

大川村

和歌山県
北山村

奈良県
曽爾村
御杖村
野迫川村
下北山村
東吉野村

● 青ケ島村

馬路村

三原村

熊本県 五木村

高知県

鹿児島県
三島村

粟国村
渡名喜村
沖縄県

※厚生労働省「人口動態調査」（2016年）

56

第3章 「未来の母親」がいなくなる —— 出生数の激減

地方に子どもがいなくなる!

「廃校」も年間500校ペース

公立学校の年度別廃校発生数

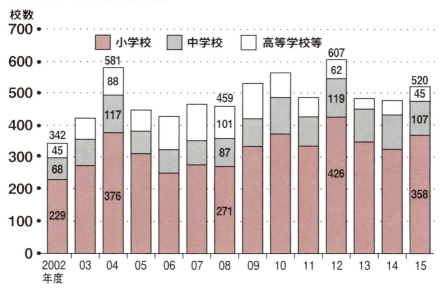

※2016年年5月1日現在　※文部科学省「廃校施設活用状況実態調査」(2017年)より

　日本で少子高齢化が進んでいることは多くの人が知っている。しかし、**地方自治体で現実に進んでいるのは「無子高齢化」**である。厚生労働省の人口動態調査（2016年）では、福島県昭和村、奈良県黒滝村、同県上北山村で16年の年間出生数がゼロだった。出生数5人以下だった自治体も、北海道から沖縄県まで36町村あった。

　子ども数の減少にともない、廃校となる小中高校も少なくない。文部科学省の調査では**毎年400〜500校もの小学校が廃校**となっており、統廃合の流れはとまる気配がない。歩いて通える場所に小学校がなければ、スクールバスなど通学の"足"を確保する必要も出てくる。

　無子高齢化が進む自治体ではいずれ役場職員や議員のなり手もいなくなる。**自治体の存立自体が危ぶまれる**事態が確実に進行しているのだ。

57

高校野球の地区大会ができない？

生まれる子どもは減る一方
年間出生数の見通し

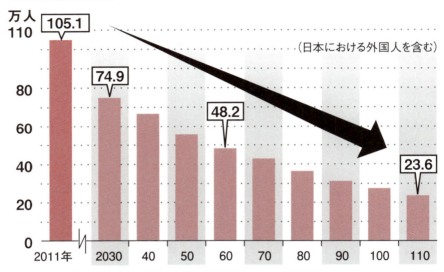

（日本における外国人を含む）

※2011年は厚生労働省の人口動態統計。2030年以降は国立社会保障・人口問題研究所推計

2016年、年間出生数（日本にいる外国人含む）は97万6978人となり、初めて100万人を割った。国立社会保障・人口問題研究所の推計では、**2060年の年間出生数は50万人を割る**とされる。

少子化でチームをつくるのがむずかしいこともあり、下火になっているのが「少年スポーツ」だ。ゲームなど娯楽の多様化もあるが、余暇にスポーツを楽しむ子どもは減り続け、若者の体力低下はさけられない状況だ。1校では人数が足りないため、複数の学校による「合同チーム」の結成も珍しくなくなった。**全国高校野球選手権大会（甲子園）の参加校も減少が続いており、このままでは地方大会の1回戦が決勝戦となるなど、大会が成り立たなくなる日**がくるかもしれない。

第3章 「未来の母親」がいなくなる —— 出生数の激減

夏の風物詩・甲子園が消える

チームが編成できない高校野球

すでに高野連加盟校は減少してきた

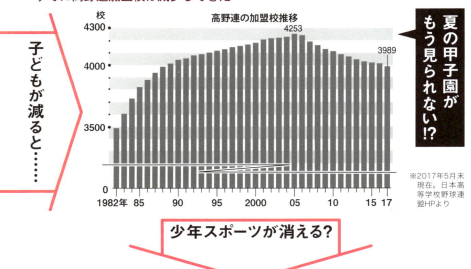

10代のスポーツ離れがとまらない

過去1年間にスポーツをおこなった人の割合

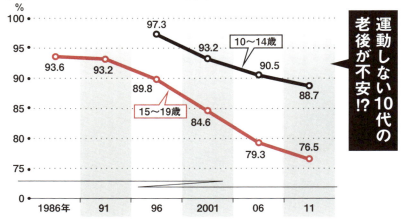

※総務省「社会生活基本調査」より

2035年には男性の3人に1人、

生涯結婚しない人たちは増加の一途

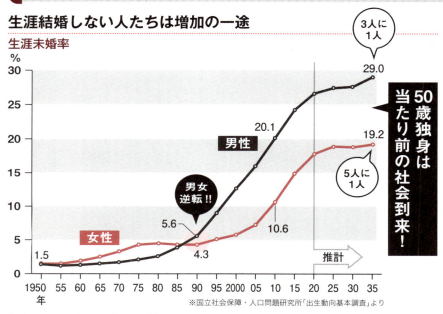

※国立社会保障・人口問題研究所「出生動向基本調査」より

毎年20万組の夫婦が離婚

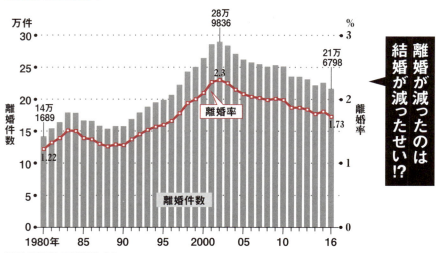

※厚生労働省「人口動態統計」より

第3章 「未来の母親」がいなくなる──出生数の激減

女性の5人に1人が未婚！

「交際を望まない」若者たちが増大！

独身者の3割は「交際望まず」
交際相手をもたない未婚者の割合

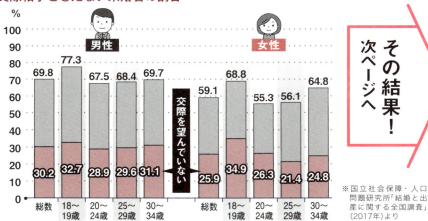

※国立社会保障・人口問題研究所「結婚と出産に関する全国調査」（2017年）より

その結果！次ページへ

　婚外子が全出生数の約2％と少ない日本では、出生数を増やすには婚姻件数を増やすほかない。ところが、日本では50歳時点で一度も結婚したことのない人の割合（生涯未婚率）が男女ともにうなぎ上りだ。2015年では男性の4人に1人、女子の7人に1人だった生涯未婚率は今後も上昇を続け、**2035年には男性の3人に1人、女性の5人に1人**となると予想される。一方の離婚件数は増えており、婚姻数と単純に比較すると**3組に1組が離婚**している計算だ。離婚数の増加はいずれ、高齢者のひとり暮らしの増加を生む。
　深刻なのは、交際相手がいない若者が増えていることだ。国立社会保障・人口問題研究所の「現代日本の結婚と出産」（2017年）では、**18歳〜34歳の独身男性の7割、女性の6割が「交際相手がいない」**と答えた。その約半数は交際そのものを望んでもおらず、未婚大国の将来は絶望的だ。

出産可能な女性が消えていく!

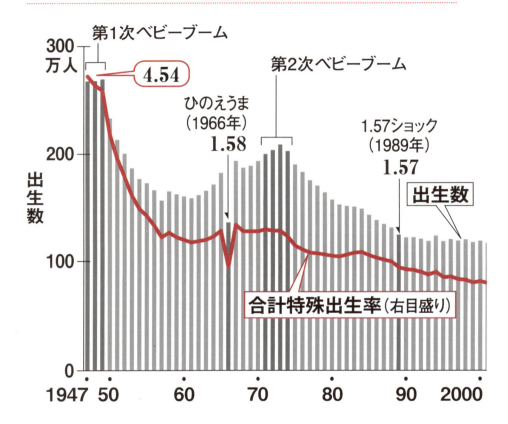

第3章　「未来の母親」がいなくなる── 出生数の激減

子どもはもう生まれない

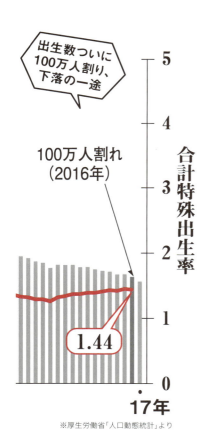

出生数ついに100万人割り、下落の一途

100万人割れ（2016年）

1.44

合計特殊出生率

17年

※厚生労働省「人口動態統計」より

　少子化に歯止めをかけるため、婚活を支援するイベントをおこなう自治体が増えている。しかし、支援が奏功したとしても、少子化をとめるのは不可能に近い。そう言いきれるのは、「出産可能な女性」がどんどん減っていくからだ。

　日本は終戦後の1940年代後半と70年代前半に2度の「ベビーブーム」を経験したが、「第3次ベビーブーム」はこなかった。2016年には出生数が100万人割れし、長期的な減少が続く。

　「出産可能な女性」の数は今後も減り続ける。第1子を出産した母親の約8割に当たる25歳～39歳の女性は2015年に1087万人いたが、**2040年に814万人、2065年には612万人とほぼ半減**してしまう。

　1人の女性が15歳～49歳までに産む子どもの数の平均を示す**「合計特殊出生率」をみても、2017年は1.43で低水準**が続いている。かりに1人が産む子どもの数が倍増したところで、母親となる女性の数が半減していれば出生数は増えない。

63

「晩産化」がとまらない

平均初婚年齢と第1子出生時の母の年齢

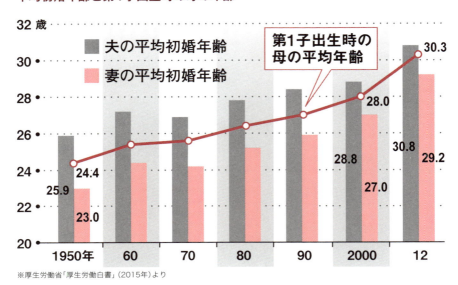

※厚生労働省「厚生労働白書」(2015年)より

　実際に、合計特殊出生率は2005年に過去最低の1.26を記録した。17年の1.43は数字だけみれば改善しているが、17年の**年間出生数（94万6060人＝概数）は05年（106万2530人）より約11万6000人も減っている**。母親となる女性が減ることはとめられない。数ポイントの出生率の改善では、少子化はとまらないのだ。

　さらに気になるのが、第1子の出産時の女性の平均年齢が年々、上昇していることだ。厚労省によると、**女性の平均初婚年齢は17年は29.4歳（概数）まで上昇**、晩婚化にともない、晩産化が進んでいる。1970〜80年代には25歳前後だった**第1子の出産年齢は、2012年に初めて30歳を超え、17年は30.7歳（概数）**だ。

　人口を維持するために必要な合計特殊出生率2.07にはおよばないにしても、少子化のスピードを少しでもゆるめるためには合計特殊出生率を上げることが必要だ。子どもを2人以上ほしいと望む夫婦は多いが、一方で年齢や経済的事情であきらめたり、子どもを望んでももてない夫婦も多い。自治体には、出会いの場を提供するだけでなく、こうした夫婦への支援策も必要となろう。

第3章 「未来の母親」がいなくなる——出生数の激減

出産可能な女性が消える全国ランキング

都道府県別女性15〜49歳人口数の減少割合←2015年との比較

2045年全国出産可能な女性率低い順のランキング（2015年＝100）

(%)

1	秋田県	38.6	15	奈良県	60.4	34	京都府	69.5
2	青森県	41.7	16	宮崎県	61.4	35	熊本県	70.0
3	福島県	48.5	17	和歌山県	61.9	36	大阪府	71.2
4	山形県	49.8	18	長野県	62.8	37	石川県	71.3
5	岩手県	50.0	19	栃木県	63.0	38	岡山県	74.1
6	宮城県	54.9	19	群馬県	63.0	39	滋賀県	75.2
7	山梨県	57.1	19	山口県	63.0	40	千葉県	75.5
7	高知県	57.1	19	徳島県	63.0	41	広島県	75.8
9	長崎県	57.2	23	岐阜県	63.6	42	埼玉県	75.9
10	北海道	58.0	24	富山県	64.1	43	福岡県	76.1
11	鹿児島県	58.3	25	島根県	65.3	44	愛知県	78.7
12	新潟県	58.5	26	大分県	65.3	45	神奈川県	79.3
12	愛媛県	58.5	27	福井県	65.4	46	沖縄県	80.7
14	茨城県	58.8	28	鳥取県	66.0	47	東京都	86.8
			29	静岡県	66.3			
			30	三重県	66.5			
			31	佐賀県	67.1			
			32	兵庫県	67.7			
			33	香川県	68			

※国立社会保障・人口問題研究所「日本の地域別将来推計人口」（2018年）より

「出産可能な女性が消える」といっても、その**減り方には地域差**がある。国立社会保障・人口問題研究所の推計では、2045年に15年と比べて**女性の数が半分以下になる都道府県は5県**ある。いずれも東北地方で、もっとも減るとされる秋田県では出産可能な女性の数が30年で4割以下になってしまう。

　一方、女性の減少がもっとも少ないとされる東京都にも落とし穴がある。未婚者が多く晩産化が進む**東京は、2017年の合計特殊出生率が1.21と全国最下位**なのだ。女性が減らないといっても、出生率が低ければ人口減少をとめることはできない。頼みは減少率が2番目に低い沖縄県が全国1位の出生率（1.94）であることだが、そもそも人口規模が東京とは大きく違うため、出生数の増加に大きく寄与する可能性は低い。

65

第3章まとめ

「生き方」を考える

　全国の自治体、とくに地方の小規模自治体ではすでに、少子高齢化でなく「無子高齢化」が起きている。子どもがいなくなって学級が成り立たなくなった学校は廃校となり、少年野球など学校対抗のスポーツの現場では、1校でチームがつくれず合同チームでの参加も目立つ。このままでは地方大会そのものが成り立たなくなる恐れがある。

　婚外子が少ない日本では、出生数を増やすには婚姻数を増やすのがもっとも近道だ。ところが、生涯未婚率は男女とも年々上昇を続けており、このままでは2035年には男性の3人に1人、女性の5人に1人が、生涯一度も結婚しないと予測されている。

　1人の女性が15 〜 49歳までの間に産む子どもの数の平均である「合計特殊出生率」は2005年に1.26と最低を記録したが、2016年には1.44と持ち直したかに見える。ところが、そもそも出産可能な年齢の女性の絶対数が減り続けているなか、出生率が多少上がっても出生数は増えない。さらに、「晩婚化」と「晩産化」も少子化に拍車をかけている。

　現代の女性の「ライフプラン」は多様化している。労働力不足に加え、夫の収入が増えないため働かざるをえないなど事情はそれぞれあれど、働く女性の割合は増え続けている。にもかかわらず、社会の環境整備や意識は追いついていない。内閣府の「地域における女性の活躍に関する意識調査」（2015年）にこんな問いがある。

「自分の家庭の理想は、『夫が外で働き、妻が家を守る』ことだ」

　この問いに「そう思う」「ややそう思う」と回答したのは男女とも約44％だった。こうした従来型の考え方が現実的に可能なのか、理想がかなえば少子化はとまるのか。人手不足にはどう対応するのか。決して単純な話ではないが、「出生数の激減」がわれわれに突きつけるのは、多様なライフプランのなかからなにを選び、どう生きていくか、われわれの「生き方」そのものである。

第 **4** 章

悲しすぎる地域の未来
──全国で町やモノが消滅

全国で町が消える!

50%以上人口減の日本地図

赤い部分が人口半減エリアだ!

　人口減少社会を迎えた日本ではこの先、どんどん人口が減っていく。では、地域ごとにどのように減っていくのか。それを示す未来予想図がある。国立社会保障・人口問題研究所の「日本の地域別将来推計人口」(2018年)だ。

　この推計を使って、2015年を100としたときに30年後の2045年に人口がどのくらい減るのかを日本地図で示してみる。人口が半数以下になってしまう地域が、北海道から沖縄までかなりの地域にちらばっているのがわかるだろう。人口5000人未満の自治体が増えていけば、病院や銀行など地域に必要な社会インフラが存在できなくなる事態になりかねない。

第4章 悲しすぎる地域の未来──全国で町やモノが消滅

エリア別人口ハザードマップ

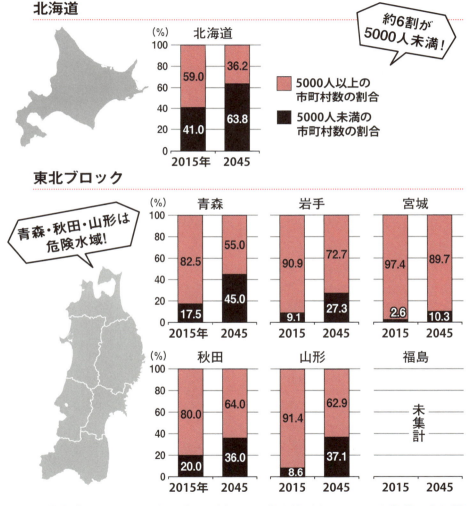

北海道では、2045年に実に6割以上の自治体が人口5000人未満の小規模自治体となる。東北でも宮城を除く各県で、3割ほどが小規模自治体だ。市町村合併を進めても、このエリアは面積が広く効率的な町づくりはむずかしい（福島県は震災のため未集計）。

北関東ブロック

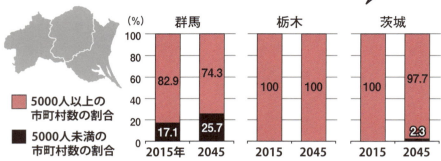

東京に近く地理的に恵まれているといえる関東地方でも、過疎化は決して他人事ではない。北関東では市町村合併が進んで自治体規模が大きくなったこともあり、人口5000人未満の小規模自治体は少ない。だが、**2045年に人口5000人未満の自治体はないと推計される栃木県**にも、人口減少率が高く財政力が弱い自治体とされる「過疎市町村」が3町ある（2018年12月現在）。

東京都の周辺3県でも小規模自治体は確実に増えていく。なにより、東京都にも人口5000人に満たない自治体は存在している。ほとんどは離島地域だが、**奥多摩地域なども過疎市町村に指定**されており、人口減少は例外なく進んでいる。

南関東ブロック

70

第4章　悲しすぎる地域の未来——全国で町やモノが消滅

中部ブロック

長野・山梨は危険水域！

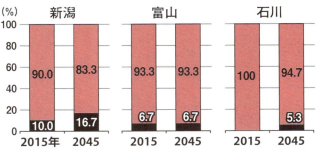

「過疎市町村」とは
自治体の財政力を示す指標に基づく財政要件と、人口減少率や高齢者率などの人口要件を勘案し、国が過疎地域自立促進特別措置法に基づき、原則として市町村単位で指定する。18年時点で全都道府県に存在している。

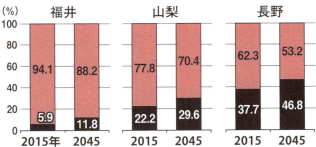

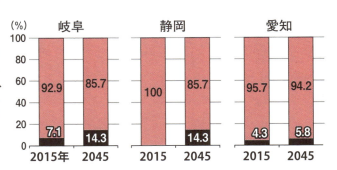

　中部エリアでも**全県で人口減少が進む**ことが推計される。2015年には人口5000人未満の自治体がなかった石川県と静岡県でも、2045年には小規模自治体が増えている。15年時点で**小規模自治体がとくに多い長野県では、45年には約半数の自治体が人口が5000人未満**となる。周辺の自治体から人口が流入しやすい大都市、名古屋市を抱える愛知県でも、30年間で小規模自治体は確実に増えていくだろう。

近畿ブロック

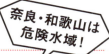

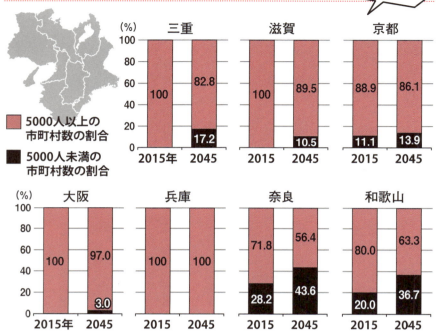

　大都市・大阪や古都・京都を抱える近畿ブロックでも、三重や奈良、和歌山といった周辺の県で小規模自治体の増加が顕著だ。**兵庫県では小規模自治体はないが、2018年時点で過疎地域自立促進特別措置法に基づく過疎市町村が存在**しており、過疎化が進んでいくことはさけられない。また、大阪府でも2014年に府内自治体で初めて千早赤阪村が過疎地域に指定されており、過疎化と無縁ではない。

第4章 悲しすぎる地域の未来 —— 全国で町やモノが消滅

四国ブロック

高知は消滅する!?

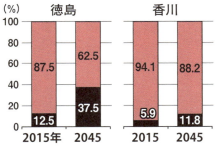

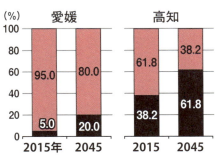

四国4県もまた、人口減少が著しく進んでいく地域である。全県で小規模自治体が増えていくのはもちろんだが、その割合にも着目したい。高知県では2045年には6割以上の自治体が人口5000人未満となっているのである。61.8％という数字は、北海道、熊本（いずれも63.8％）に次ぐ高い値だ。

この高知県で、日本の未来ともいえる騒ぎが起きた。県都、**高知市の北側に位置する土佐郡大川村**で、村議会の廃止が検討されたのである。

同村は**人口約400人**、福島第一原子力発電所事故の影響を受けた自治体と離島を除き全国でもっとも人口が少ない村だ。そのため、村議会議員（定数6）のなり手を見つけるのがむずかしくなり、議会に代わって有権者が直接、予算や条例などを審議する「村総会」の設置が検討されたのだ。結局、村総会の運用は困難として村長は議会の存続を決めたが、**人口減少により現在の「地方自治」の継続がむずかしくなることが明らかになった事例**であった。

大川村などの事例を受け、国は地方議員のなり手を増やすための方策の検討を始めた。議員の兼業を認めたり、議会の開催を夜間や休日にしたりすることがあがっているが、人口減少がとまらなければ今後も地方自治の現場でさまざまな問題が起きることはさけられない。病院もなく、大きなスーパーやコンビニもない。公共交通機関はほとんどなく、マイカーがないと暮らせない。大川村のような自治体が今後、全国に増えていくことは間違いない。

中国ブロック

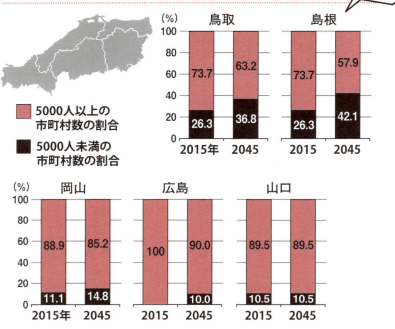

鳥取・島根は危険水域！

 全国でもっとも人口が少ない鳥取県（約56万人）、2番目に少ない島根県（約68万人）を筆頭に、中国地方でも自治体の小規模化は進んでいく。人口規模では全国12位の広島県（約282万人）をもってしても、2045年には1割の自治体が人口5000人未満となってしまう。瀬戸内海に面していない山間部の自治体で特に、高齢化や人口減少が深刻化する。

 一方で、「出生率の高さ」が全国から注目された自治体が岡山県にある。**岡山県東北部にある奈義町（人口約6100人）**だ。2005年の合計特殊出生率は1.41だったが、2014年には2.81と倍に。その後も高い値で推移している。**出産祝い金を第2子、第3子、と子どもの数が増えるごとに増額、逆に保育料は子どもが3人以上いれば無料にするなどの施策を進め、子育て世代を呼び込むこと、子どもの数を増やすことに成功した**のだ。

 ただ、同町に大学はなく、せっかく生まれた子どもが町外に流出するのはさけられない。町では子育て中の女性が働きやすい仕事づくりなどの施策にも取り組んでおり、町を出た子どもが再び戻ってくるか、今後が注目される。

第4章 悲しすぎる地域の未来──全国で町やモノが消滅

九州・沖縄ブロック

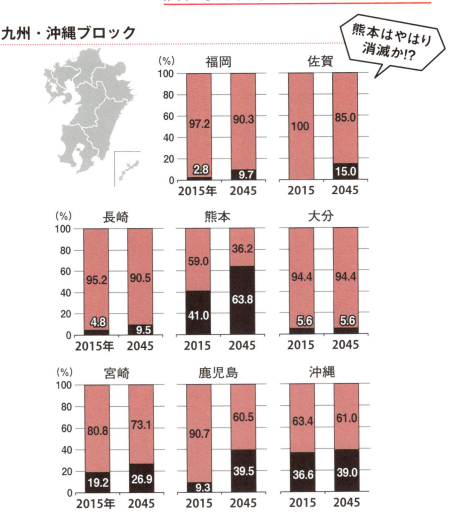

熊本はやはり消滅か!?

　九州、沖縄地方でも、9県すべてで小規模自治体が増える予測となっている。特に2045年に6割以上の自治体が人口5000人未満となる熊本県を筆頭に、佐賀県、宮崎県、鹿児島県などで自治体の人口減少が目立つ。

　九州地方でもっとも多くの人口を抱える**福岡県（全国9位、約511万人）でさえ約1割の自治体が人口5000人未満となる**ことが予想され、決して楽観はできない。離島が多い沖縄県ではすでに多くの自治体が小規模だが、人口が少ない自治体でさらに人口減少が進んでいくことは間違いない。

地方と都会、これだけ違う

65歳以上人口増減率ランキング（2015年＝100、2045年の値）

(%)

1	沖縄県	158.9	15	群馬県	112.2	34	新潟県	101.0
			16	静岡県	111.1	34	富山県	101.1
2	東京都	136.2	17	石川県	109.8	36	大分県	99.3
			18	北海道	109.5	37	愛媛県	99.0
3	神奈川県	134.2	19	広島県	109.1	38	岩手県	98.4
			20	山梨県	108.5	39	長崎県	97.8
4	埼玉県	129.4	21	三重県	107.9	40	青森県	97.7
			22	長野県	106.7	41	山形県	95.5
5	愛知県	128.2	23	佐賀県	106.4	42	徳島県	94.9
6	滋賀県	126.9	24	福島県	105.9	43	島根県	92.8
7	千葉県	123.5	24	岡山県	105.9			
8	宮城県	121.6	26	岐阜県	105.5	44	和歌山県	92.0
9	福岡県	121.2	27	福井県	104.8			
10	兵庫県	117.4	28	奈良県	104.7	45	山口県	91.2
11	茨城県	114.7	29	熊本県	104.2			
12	大阪府	114.6	30	鳥取県	101.8	46	高知県	88.9
13	栃木県	114.0	30	香川県	101.8			
14	京都府	112.3	32	鹿児島県	101.2	47	秋田県	87.0
			33	宮崎県	101.1			

※国立社会保障・人口問題研究所「日本の地域別将来推計人口」（2018年）より

　高齢化と人口減少は同じではない。高齢化が進み高齢者の数が増えても、若い人も増えていれば高齢化率は高くならないし、人口は減少しない。**高齢化と少子化が重なることで高齢化率が高まり人口減少が進む**というのが、日本の置かれた状況だ。

　まずは国立社会保障・人口問題研究所のデータを使って、2015年からの30年でもっとも高齢者が増える都道府県はどこかを見てみよう。首位は沖縄県で、30年間で高齢者の数は1.5倍以上に増える。しかし沖縄県は少子化が他の地域に比べてゆるやかなため、一気に高齢化率が進むわけではない。2位の東京都以下、上位を占めている首都圏や大都市を抱える府県も、若い世代が地方から集まってくるため同様だ。一方、36位の大分県以下の計12県はこの30年で高齢者の数が減少に転じる。

76

第**4**章　悲しすぎる地域の未来── 全国で町やモノが消滅

30年後に高齢者の増えるエリア

65歳以上人口の割合ランキング（2045年推計人口）

(%)

1	秋田県	50.1	14	鹿児島県	40.8	33	石川県	37.2
2	青森県	46.8	15	長崎県	40.6	34	栃木県	37.1
3	福島県	44.2	16	宮城県	40.3	34	熊本県	37.1
4	岩手県	43.2	16	富山県	40.3	36	佐賀県	37.0
5	山形県	43.0	18	茨城県	40.0	37	千葉県	36.4
5	山梨県	43.0	18	宮崎県	40.0	38	大阪府	36.2
7	北海道	42.8	20	和歌山県	39.8	39	岡山県	36.0
8	高知県	42.7	21	山口県	39.7	40	埼玉県	35.8
9	長野県	41.7	22	島根県	39.5	41	神奈川県	35.2
10	徳島県	41.5	23	群馬県	39.4	41	広島県	35.2
10	愛媛県	41.5	24	大分県	39.3	41	福岡県	35.2
12	奈良県	41.1	25	静岡県	38.9	44	滋賀県	34.3
13	新潟県	40.9	25	兵庫県	38.9	45	愛知県	33.1
			27	鳥取県	38.7	46	沖縄県	31.4
			27	岐阜県	38.7	47	東京都	30.7
			29	福井県	38.5			
			30	三重県	38.3			
			30	香川県	38.3			
			32	京都府	37.8			

※国立社会保障・人口問題研究所「日本の地域別将来推計人口」（2018年）より

　高齢者の増減だけでは、都道府県が置かれた全体の状況はみえてこない。では次は、同じ社人研のデータを使って都道府県別の高齢者人口の割合をみてみよう。高齢者の数が全国でもっとも減る秋田県が、高齢者の割合で首位となった。高齢者の数が減っていくのに2045年の県人口の半数が高齢者ということは、若い人が高齢者を上回る勢いで減っているということだ。大都市・仙台をかかえる宮城県（16位）以外の東北5県が5位までを占める結果となり、東北地方の深刻な高齢化が明らかになった。

　一方、最下位の東京都をはじめ首都圏の各県はいずれも下位にとどまり、名古屋のある愛知県や福岡県、広島県なども40位以下となった。**3人に1人が高齢者の都会と、2人に1人が高齢者の地方**。地方と都会の差は一目瞭然なのである。

77

大都市圏は高齢化が目立ち、地方圏

高齢者の増加率が高い東京圏

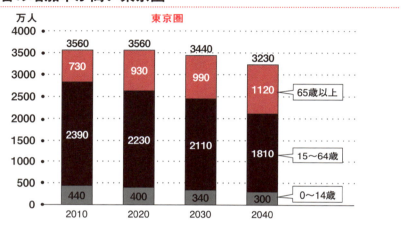

高齢者が増え労働者人口が減る大阪圏

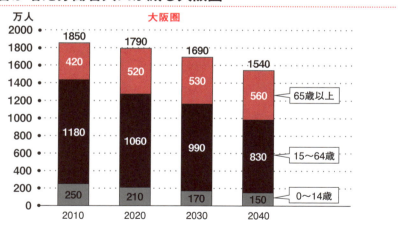

　2018年6月、愛知県名古屋市の繁華街・栄の老舗百貨店「丸栄」が閉店した。前身の呉服店「十一屋」をふくめると、江戸時代から続いた403年の歴史に幕を下ろしたことになる。栄の顔ともいえる百貨店の閉店は、大きな衝撃をもって受けとめられた。

第4章 悲しすぎる地域の未来 —— 全国で町やモノが消滅

では労働者人口が減少する

高齢者が増え労働者人口が減る名古屋圏

高齢者の増加率は高くないが労働者人口の減少が著しい地方圏

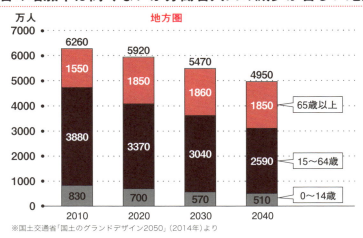

※国土交通省「国土のグランドデザイン2050」(2014年)より

「東京の一極集中」が叫ばれて久しい。地方に行くと、県庁所在地であっても駅前の商店街にはシャッターが目立つ。そもそも商店街を歩く人が圧倒的に少なく、すれ違う人の多くは高齢者である。**個人商店だけではなく、丸栄のように中心街から撤退する百貨店も多い。**

79

美術館→救急病院→銀行の順に消え

地域のサービスが消滅する人口規模！

将来人口の規模別市町村数と立地困難なサービス例

市町村の人口 2万人以下	➡ 1万人以下	➡ 5000人以下
存続確率が50％を割る **文化的都市機能など**	存続確率が50％を割る **福祉医療サービスや企業向けサービスなど**	存続確率が50％を割る **生活インフラにかかわるサービスなど**
・美術館 ・研究機構 ・ペットショップ ・英会話教室 ・外国語学習施設 など	・救急病院 ・介護老人福祉施設 ・税理士事務所　　など	・一般病院 ・銀行　　　など

※国土交通省の資料より

　あなたが住む町は、どのくらいの人口規模だろうか。過疎化が進む小さな町なのか、大都市なのか。それによって、あなたの生活の利便性はまったく異なってくるだろう。

　もっとも深刻なのは、**人口が5000人に満たない市町村**だ。この人口規模では病院や銀行が単体で存在するのはむずかしく、廃止されてしまう恐れがある。現金を下ろすATMはあっても窓口はなく、銀行に相談に行くには町を出ないといけない。診療所はあっても、医師が来るのは週に数回だけ。すでにそうした町や村は全国にあるが、今後はこうした自治体が広がっていく可能性が高い。

　人口が1万人でも安心はできない。**人口1万人以下の自治体に、救急病院や介護老人福祉施設といった福祉医療サービス、企業を相手にする税理士事務所**

 ⇒なにが消えていくのかの詳細は82ページへ

第4章　悲しすぎる地域の未来——全国で町やモノが消滅

ていく生活インフラ

人口1万人未満の市町村が4割！

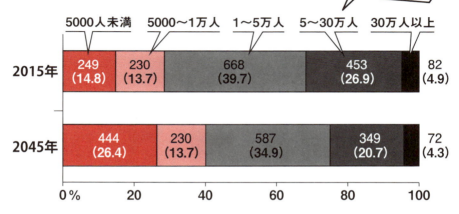

2015年と2045年における総人口の規模別にみた市区町村数と割合

グラフ中の数字は市区町村数、カッコ内の数字は1682市区町村に占める割合。割合については四捨五入して表記したため合計が100にならないことがある

※国立社会保障・人口問題研究所より

などが存在する確率は50％。半数の市町村では町内にこうした施設がない。

　近くに大都市があればいいが、都市部から遠く離れた過疎地では施設に行くのも一苦労だ。社人研の予測では、1万人以下の市区町村は2015年は3割に満たないが、**45年には4割にまで増えている**。企業は顧客数が見込めない地域に店舗をもつことはしない。無人化や機械化を進めて必要経費を削減できたとしても、維持には必ずコストがかかる。

　では、人口が2万人の自治体ではどうか。美術館や英会話教室といった文化的な拠点は、人口2万人を切ると存在するのがむずかしいとされている。人口減少が進むと、まずは生活にうるおいを与える文化施設が消えていき、町内で医療や介護などのサービスを受けることが難しくなっていき、ついには生活インフラの一部もなくなってしまう。これまで当たり前だった生活ができなくなり、生活の不便さはいっそう、増すだろう。

サービス施設の立地する確率が50％および80％となる自治体の人口規模（三大都市圏を除く）

第**4**章　悲しすぎる地域の未来——全国で町やモノが消滅

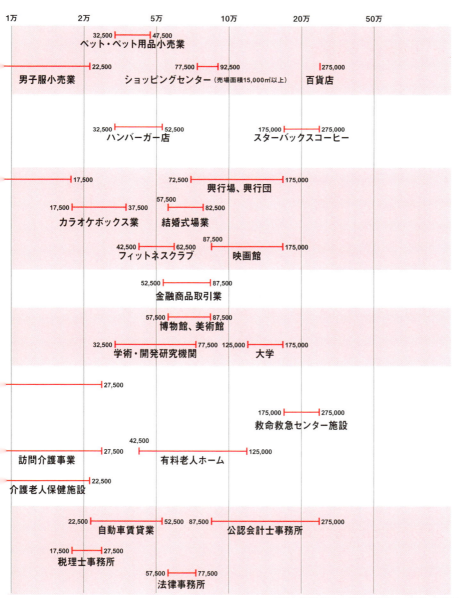

※国土交通省「国土のグランドデザイン2050」（2014年）より

両隣は空き家、目の前は「だれのも

空き家が総住宅数の30%をこえる

総住宅数・空き家数・空き家率

※実績値は総務省「住宅・土地統計調査」、予測値はNRIより

　だれも住んでいない家や集合住宅の空室が増えている。総務省の調査では、全国にある空き家は2013年時点で820万戸にも上り、総住宅数（6063万戸）の13.5%を占める。このうち**約6割に当たる471万戸はマンションなどの共同住宅**だ。すでに全国の住宅の7〜8戸に1戸は空き家だ。

　住宅があまっていながらも、都心部を中心にタワーマンションや新規集合住宅の着工は相次ぐ。郊外の庭付き一軒家から都心のマンションへと需要が変わってきたこともあるが、野村総合研究所の試算（2016年）では、このままいくと**2033年には住宅の3戸に1戸が空き家**となってしまう。資産価値が低い地方の古い空き家は、景観の悪化や倒壊の危険を招く。空き家だらけのマンションは管理費の回収がむずかしく、修繕や建て替えもままならない。相続人が減っていくなか、新築を抑制し中古市場を活性化することが望まれる。

第4章 悲しすぎる地域の未来──全国で町やモノが消滅

「だれのかわからない土地」だらけ

だれのものかわからない土地が2倍になる
2040年の所有者不明の土地面積

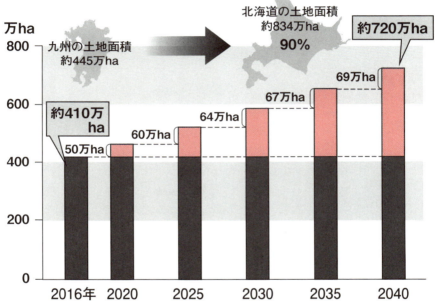

※国交省の所有者不明土地問題研究会報告書より

　空き家だけではない。全国には所有者がわからない、わかっても連絡がつかない「所有者不明土地」が**2016年時点で九州本土とほぼ同じ面積の約410万ヘクタール**（ha）もある。これが年々、拡大している。所有者不明土地問題研究所の報告書では、2040年には16年の1.7倍に当たる約720万haに増えると試算されている。**北海道（島嶼を含む）の面積（834万ha）の9割**に当たる広大な土地の所有者がわからないのである。
　所有者不明土地は固定資産税の徴収がむずかしいばかりでなく、再開発などをおこなう際の用地取得の妨げにもなる。ごみの不法投棄や伸び放題の雑草を手入れする人がいないなど、余計な経済的負担や治安悪化にもつながっていく。

老朽化する橋やトンネル、水道管、

2033年に生活インフラの半分が老朽化する

建設後50年以上経過するインフラの割合

年度	2018	2023	2033
道路橋 約15万5000橋 （橋長15メル以上）	約25%	約39%	約63%
トンネル （約1万本）	約20%	約27%	約42%
河川管理施設 （水門など。設置年が不明な施設を含む。約1万施設）	約32%	約42%	約62%
下水道管きょ （総延長約42万キロメル）	約4%	約8%	約24%
港湾岸壁 （約5000施設）	約17%	約32%	約58%

※国土交通省の資料より

　道路や橋、下水道といった社会インフラの多くは、日本の高度経済成長期である1960年代に集中的に整備された。そのため**一斉に老朽化が進む**こととなる。国土交通省によると2033年度には**道路橋の約63%、トンネルの約42%、水門などの河川管理施設の約62%が建設から50年以上**となる見込みだ。財政が悪化するなか、老朽化したインフラの刷新はむずかしい。それどころか、維持管理の費用すらバカにならない状況だ。

　生活に必要な**インフラにかかるコストは当然、利用者が負担**する。水道、電気、高速道路、とあらゆるインフラに対して、われわれは利用料を支払っている。ところが人口減少に伴い利用者が減ると、利用料だけではまかないきれない事態が起きる。**災害の多い日本では、被害を受けたインフラの復旧にも多額の費用がかかる。**

第4章　悲しすぎる地域の未来── 全国で町やモノが消滅

それなのに利用者は減少する

人口減少社会の水道事業は民営化するのか

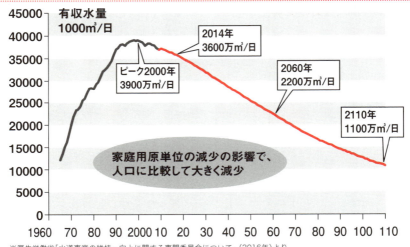

水道管は破裂する

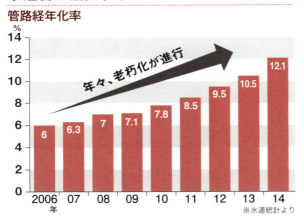

　もっともわかりやすい例が水道だ。水道管の法定耐用年数は40年だが、耐用年数を超えた水道管の割合は2014年に12%を超えている。

　それに対して**水道の需要は2000年をピークにどんどん下がり、2110年には現在の3分の1**に落ち込む。2018年に成立した改正水道法により水道事業の民間委託がしやすくなったが、はたして参入する民間企業があるか、水道管の刷新を進めながら水道料金の大幅値上げをさけられるのか、見通しは決して明るくない。

高齢者ばかりの「老いる東京」

なぜ東京に高齢者が増え続けるのか

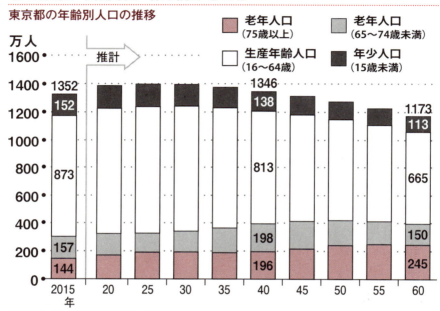

東京都の年齢別人口の推移

※都民ファーストでつくる「新しい東京」より

　ここまで、人口減少社会のもたらす影響が都会と地方によって大きくことなることを解説してきた。「都会は便利、地方は不便」と考えた人も多いかもしれない。たしかに人口減少社会の影響が東京に出るのは、地方より後になる。しかし、その影響は日本の破たんにつながりかねないほど大きい。

　なぜなら、東京が老いていくとき、長年「首都」を支えてきた地方にはもう支える力が残っていないからである。

　出生率の低い東京の人口を長年支えてきたのは、地方から上京してきた若者だった。ところが、人口減少が進んだ地方にはもう、東京の人口増に寄与するほどの若者がいない。それでも東京の人口は当面、増え続ける。なぜなのか。それは、地方でひとり暮らしを続けてきた高齢者が、東京圏に住む子どもや孫を頼って移住してくるからだ。

第4章　悲しすぎる地域の未来 —— 全国で町やモノが消滅

2030年をピークに人口減！

地方から高齢者が東京をめざす!?
東京圏とその他の地域おける高齢者人口

※2010年までは総務省「国勢調査」、2015年以降は「日本の都道府県別将来推計人口」より

　ただでさえ地方から上京して東京に居を構えた団塊の世代が高齢化するなか、地方の高齢者まで背負い込むことになる東京圏。そこに待っているのは、かつてない人数の高齢者を抱える首都である。東京都がまとめた報告書「都民ファーストでつくる『新しい東京』」によると、**東京都の高齢者数は2015年の約300万人から2040年に約400万人に増加、2050年の419万人をピークとして減少**に転じる。国勢調査や国立社会保障・人口問題研究所などのデータをもとに東京圏と、名古屋圏などその他の地域との高齢者人口を比べてみても、東京圏が突出して多いのがおわかりいただけるだろう。

　高齢者が多くても、東京圏は人口そのものが多いから支えられると楽観視する意見もある。しかし、**東京はビジネスを中心につくられてきた都市で、高齢者が暮らすのには障害が多くある**のだ。

89

都民を襲う「医療・介護地獄」

医療も介護も、東京が突出して「足りない」

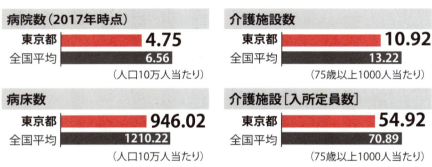

※厚生労働省調査、日本医師会地域医療情報システムより

　便利で快適な首都、東京。しかし、そんな首都の暮らしを享受する人々を待ち受けているのは、「地獄の老後」かもしれない。これまで見てきたように、若者中心のまちづくりで発展してきた東京には、圧倒的多数の高齢者を受け入れる医療や介護の受け皿がないからだ。

　日本医師会の「医療介護需要予測」では、東京都の医療、介護の需要は今後ますます増えていく。全国平均では2025年〜30年ごろをピークに需要は減っていくが、東京ではその後も需要が増え続ける。**とくに介護については、2040年を過ぎてから大きく需要が増す。それなのに2017年時点で、病院や病床（ベッド）の数、介護施設数や定員数はいずれも全国平均を下回っている**のだ。

　介護の未来について詳しくみてみよう。厚生労働省の試算では東京都の介護

第4章　悲しすぎる地域の未来——全国で町やモノが消滅

高齢者は東京で暮らせない

2045年、東京は深刻な医療介護不足

医療介護需要予測指数(2015年実績＝100)

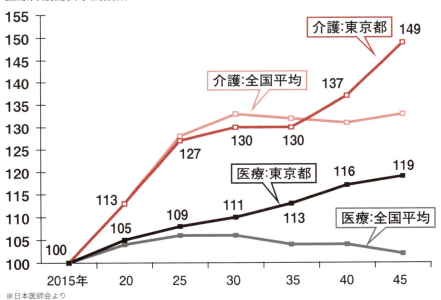

※日本医師会より

　職員は2025年度に約22万3000人必要となるが、供給見込みは約18万8000人。**約3万5000人も不足**することになる。しかも日本医師会によれば東京では介護の需要がその後も増え続けることは必至だ。

　地方に比べて単身者が多い東京では家族による介護がむずかしく、その分、施設の需要が高くなる。しかし、施設を新設しようにも東京は施設に活用できる土地が少なく、地価も高い。**有料老人ホームなどの料金も地方より高く、一部の裕福な都民を除き、多くは費用が払えず行き場を失う。**

　このままでは、住み慣れた地域で最期まで自分らしい暮らしをしたいという都民の願いはかないそうにない。需要のピークをすぎた地方の介護施設には空きがあるかもしれないが、地方の人材不足はもっと深刻だ。政府は外国人の受け入れ策などを進めるが、都民の幸せな未来図はまだ見えない。

第4章まとめ

「住まい方」を考える

　都市の力といえるのは、いうまでもなく住民の数、すなわち人口である。第4章では、こうした「地方」と「東京」の二極化について、人口データから読みといた。病院や銀行といった生活インフラでさえ、人口が少ない自治体では存続がむずかしい。つまり、小規模な自治体はこの先、どんどんと「住みにくく」なるということだ。

　人口が減っていけば当然、空き家や所有者がわからない土地も増える。治安の面からも景観の面からも、放置するわけにはいかないが、自治体の調査はとても間に合わない。水道や道路といった社会インフラもどんどんと老朽化していくが、利用者が減り修理はおろか維持管理もむずかしくなる。

　では、一極集中する東京は大丈夫なのか。これからの東京に起きるのは、人口が多いがゆえの大量の高齢者の出現だ。もともと住んでいた住民に加え、地方から老親を呼び寄せるケースもあるだろう。だが、政治や経済の中心地として栄えてきた東京には、大量の高齢者を受け入れる医療や介護の受け皿がない。このままだと、日本の首都に医療難民、介護難民があふれかえる事態となるかもしれない。

　内閣府の「高齢者の健康に関する意識調査」（2012年）にこんな問いがある。

「あなたが最期を迎えたい場所はどこですか」

　約55%が「自宅」と回答したが、実際に自宅で最期を迎えられるのは約13%にとどまる（2014年）。この場合、多くの人は「自宅」とは住み慣れた町の自分の家のことと考えているだろう。だが悲しいかな、その住み慣れた町がどこか、つまり「住まい方」によって人生の終わり方にも大きな違いが出てきてしまうのだ。

　人は、生まれ、老いて、死んでいく。生まれる時代や国を選ぶことはできないが、その先をどう過ごすかには、いくばくかの知恵が生かせる気がする。

92

第**5**章

ではどうする？
「戦略的に縮む」ための
５つの提言

　本書の「はじめに」おいて、私は「日本の人口減少は、われわれが現状に立ちどまることを許してはくれない」と述べた。

「不都合な真実」から目をそむけ、耳をふさぎ続けたならば、日本は貧しい国へと転落するであろうことも指摘したが、残念ながら人口をめぐる状況は年々刻々と悪くなっている。

　日本社会は戦後の焼け野原からの復興をはじめ、いくども大きな試練を乗り越えてきた。それができたのも国民が若かったからだ。

　総人口の4割が高齢者となってしまう日本が、ひとたびこの「豊かさ」を手放してしまったならば、それを取り戻すことは容易ではない。若い世代が減りゆくため、それを回復させるにはきわめて長い時間と莫大なエネルギーを必要とするだろう。あるいは、二度とこの手に返ってくることはないかもしれない。

日本人は生きていけるのか

「多少、貧しい国になったとしても、なんとか食べていける」と語る人もいる。だが、国際情勢をかんがみたとき、そうした考え方はあまりにものん気にすぎる。

　日本が人口を減らす一方で、世界人口は爆発的に増え続けていく。そうした状況下で「豊かさ」を損なったならば、この国の国民は食べていけるだろうか。そうでなくとも、高齢化で農業の担い手はどんどん減っている。人口が減っても「豊かさ」を維持できるかどうかは、少し大袈裟に言うならば、民族の存亡をかけた戦いであるといってもよい。

　まず、正しく認識しなければならないのは少子高齢化の意味だ。

　言うまでもなく、人口減少とは少子化と高齢化が両輪で進んでいく事象のことである。誤解している人が多いが、少子化と高齢化には因果関係はない。少子化が進むことで総人口に占める高齢者の相対的な数が増えるため高齢化率は上昇するが、出生数が減ったために、高齢者数が増えるわけではない。出生数が減ったことへの対策と、高齢者が増えることへの対策はまったく別の政策なのである。

　少子高齢化は、出生数が増える状況に戻らなければ真の克服とはならない。だが、子どもを産むことが可能な女性が減るため、簡単に状況が転じることはない。少子化対策が成果をあらわし始めるまで、そうとう長い時間の地道な取り組みを必要とする。

　その間も、少子高齢化にともなう社会への影響は次々と表面化してくる。

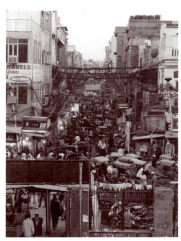

混とんとしたインドの首都デリーの様子。インドは2024年に中国を逆転して世界一の人口大国になると言われている。

第5章　ではどうする？「戦略的に縮む」ための5つの提言

われわれは、どうしても目の前の課題に目をうばわれることとなる。

目先のことに追われると、中長期的な課題はおろそかにされがちだが、長期的視野と短期的な視点とを同時にもってあたらなければならない。ここに人口問題解決のむずかしさがある。

最初に着手すべき労働者問題

では、なにから手をつければいいのだろうか。

まず着手すべきは、勤労世代が減っていくことへの対応だ。20 〜 64歳は2040年までに1500万人ほど減る。勤労世代の減少への対応を講じなければ、少子化対策も高齢者の激増対策も実現できないだろう。

勤労世代の激減に対する方策として、すぐに思いつくのが外国人労働者である。安倍晋三政権は単純労働者の積極受け入れへと、法改正に踏み切った。

単純労働への就労をはばんできた受け入れのハードルを下げようというのだ。だが、ハードルを下げたからといって、外国人労働者が安定的に日本へ来るようになるとはかぎらない。

そもそも多くの国で少子高齢化が進み、どの国も若い世代が減っていく。さらに、日本を取り巻く国々も外国人労働者の受け入れに熱心であり、国際的な争奪戦も始まっている。

しかもコンピューターの発達、普及によって世界各地に外国人労働者にとっての「割のいい仕事」が増えた。母国にすぐ帰ることのできる国々に仕事が見つけられるようになったら、言葉や文化の壁のある極東の島国にまでどれだけの外国人労働者がやってくるかわからない。

日本の外国人受け入れ策は、若いうちだけ働いてもらい、年を取る前に帰ってもらうという"循環型"を想定している。外国人を「労働力」としてしかみない、こんな都合のいい考え方がうまく運ぶとは思えない。

外国人労働者とならび、勤労世代不足の解消策として期待を集めるの

95

が技術革新だ。技術開発は日進月歩であり、AI（人工知能）やロボットの進化は目覚ましい。

とはいえ、新規の技術というのは、研究室内で確立してから、実用化に進み、価格面を含めて世の中に普及するまでに時間を要する。「AIの普及によって9割の仕事がなくなる」といった予測もあるが、それは現時点では開発者たちの意気込みや願望であろう。本当にそのような技術開発が現実のものになるのかどうかは、やってみなければわからない部分が大きい。

AIやロボット技術の開発を待っている間も少子高齢化や人口減少は容赦（しゃ）なく進んでいく。勤労世代の減少への対策として、技術革新を過度に期待すると、想定通りに実現しなかったときに対応のしようがなくなる。

一方、政府が力を入れている「一億総活躍」はどうだろうか。高齢者や女性の就労を推進することで、働き手を増やそうという考え方だ。

働く意欲がある人が、働きやすい社会にしていくということに異論はないだろう。だが、いくら元気な高齢者が増えてきたとはいえ、すべてが若いときのようにはいかない。男性と女性は得意とする分野も感性も異なる。

もし、若き男性労働力が減るから、高齢者や女性をその「穴埋め要員」にしようという発想をもっているならば、部分的な解決策としかならないだろう。

AIの発達により自動運転トラクターも登場している。右は、もはや一般的に家庭でも使われるようになったAIスピーカー。

「戦略的に縮む」とはなにか

こうした対策がまったく無意味というつもりはない。部分的な解決策にすぎないとはいえ、やるべきは積極的に進めなければならない。言いたいのは、これらをやるだけでは不十分だということだ。

むしろ、われわれは発想を大胆に変えるときである。日本の人口減少はもはやさけられない。ならば、戦略的に縮むことだ。私は、縮むことは必ずしも「衰退」を意味するものではないと考える。ヨーロッパなどには、日本より人口規模が小さくても豊かな国はいくつもある。

戦略的に縮むには、日本人の総仕事量を減らすことだ。これを頭の体操として考えてみよう。

かりに、勤労世代が1000万人減ったとしても、1000万人分の仕事量をなくし、社会を機能させられるならば、人手不足は起こらないのと同じである。

だが、これだけでは日本の豊かさは維持できない。さらにふみこんで、たとえば総仕事量を1100万人分減らす必要がある。こうすることで、むしろ100万人の「余剰」ができる。

実は、この「余剰」の100万人こそがポイントなのである。働き手世代が減っていく時代とは、全員がフル回転で働かなければならないということである。それでは、次の時代を考えて新たなことにチャレンジする人がいなくなってしまう。イノベーションや新たな発想は、多大な"ムダ"の積み重ねによってもたらされるものだ。すなわち、人口減少にあればこそ、余剰人員をなんとか生み出さなければならない。これができなければ、日本発のイノベーションは生まれづらくなり、いずれこの国はかげっていくことだろう。

では、総仕事量を減らすにはなにをすればよいのだろう。本章ではそのアイデアをいくつか提案しよう。

▶その❶　便利さからの脱却

　第1のアイデアは、便利すぎる社会からの脱却である。24時間営業のコンビニエンスストアは当たり前の風景となった。正月だって元日の午前中からショッピングモールが開店し初売りをしている。欲しい物がいつでも、どこでも買える便利な社会となった。ネット通販もそうだ。欲しい物をクリックすると、商品によってはそんなに時間を空けずして玄関先まで届く。

　だが、こうした「便利さ」を維持するには、商品を運ぶ人、店員、お弁当や総菜をつくる人、ピザを焼く人など膨大な人の手が必要である。

　われわれが少し便利さを我慢することで、これらに携わっている人を減らし、その分、必要不可欠となる他分野へと人材をシフトすることができる。

　そもそも、勤労世代が激減したならば、こうした便利なサービスも成り立たなくなるだろう。便利さを「すべてなくそう」と言っているわけではない。せめて24時間営業のうち客数が減る時間帯だけでもお店を閉じるだけでずいぶん状況は変わってくるだろう。

業界最大手のセブン-イレブンも営業時間短縮を始めている。

▶その❷　国際分業化のススメ

　第2のアイデアは、国際分業の徹底だ。「はじめに」において「大量生産・大量販売」というビジネスモデルは、少子化や人口減少が進む社会では成り立ちえないと述べた。だが、それ以前の問題としてコンピュー

ターが発達、普及したことにより、賃金の高い先進国が「大量生産・大量販売」のモデルを続けることには無理がある。

コンピューターの発達は、発展途上国の工場にあっても、先進国の工場でつくるのと同じレベルの製品をつくることを可能にしたからだ。こうなると賃金が低い発展途上国の工場のほうが有利となる。

日本経済の世界的地位は衰退したといわれるが、工作機械分野などは依然、世界最高のシェアを誇っている。

海外でも生産可能なものならば、外国人労働者を受け入れてまで日本でつくるより、彼らの母国の工場でつくってもらったほうがよい。むしろ、日本でしかつくれないもの、日本がつくったほうがよいものに特化することだ。少なくなる若い世代を多くの産業や企業がうばい合ったのではすべての産業や企業が弱体化しかねない。むしろ、日本の得意分野に人材を集中させていくことで、成長分野を活性化させていくことが日本の豊かさを維持するうえで不可欠といえよう。

▶その❸　居住と非居住エリアの分離・明確化

第3のアイデアは、居住エリアと非居住エリアの分離・明確化だ。社会の支え手が減る時代においては自治体の職員ですら十分に確保できなくなる事態が想定される。トラック運転手が不足すれば生活物資も届かなくなる。人口減少社会、少子化社会においては、住民がパラパラとまばらに住むエリアが広がっていく。しかも、そこには「高齢化した高齢者」がひとりで暮らすことになると予想されているのだ。

こうしたエリアに行政サービスや公的なサービスを届け続けるにはコストもかさむ。人口が減れば診療所や路線バスの撤退が進もう。電気や

ガス、水道の料金値上げもさけられない。公共サービス、公的サービスをどのように届け続けるのかが大きな社会的課題となるだろう。

行政マンや公共サービス、公的サービスの担い手が少なくなるなかでなんとかやり繰りしていくには、住民側の割り切りも不可避だ。そこで、地域ごとに住民が集住するエリアをつくり、行政サービスや公的サービスはそこまで届ければよいことにする。

▶その❹　働けるうちは働く

ここまでのアイデアは、政府や国会が決断し、政策として推進しなければ進まない部分が多い。そこで、次は個々人でも取り組めるアイデアを2つ取り上げよう。

第4のアイデアは、「働けるうちは働く」ということだ。人生100年という時代に突入し、われわれには長き老後が待っている。その生活費を年金だけに頼るのは心もとない。

最近の高齢者は若々しい人も増えたが、60歳や65歳でリタイアするのはあまりにももったいない。少しでも長く働く人が増えれば、勤労世代の不足の解消にもつながる。

どうせ働くならば、自分らしく生き生きと働きたいものだ。そのためには若いうちから計画を立て、準備を進めなければならない。ライフプランを描き、技能や人とのつながり、ネットワークを構築するよう努めることだ。高齢になっても必要とされる人材となるには、スキルを磨き続ける

近江八幡の川下りの様子。船頭のなかには定年退職後に再就職した元教師もいるという。

第5章　ではどうする？「戦略的に縮む」ための５つの提言

しかない。40代ぐらいから専門技術や技能を教えてくれる大学や専門学校での学び直しをするのもよいだろう。

　働く期間を長くできれば、公的年金の受給をくり下げることも可能となる。結果として年金受給額を増やすこともできる。

▶その❺　1人で2役をこなす

　第5のアイデアは、「1人で2役をこなす」ことだ。空いている時間をうまく活用することで、勤労世代の不足の解消ともなる。

　副業・兼業が法律で規制されているわけではない。厚生労働省が示しているモデル就業規則に労働者の順守事項として「許可なく他の会社等の業務に従事しないこと」との規定があり、多くの企業はこれをベースに就業規則を作成してきたわけだ。ところが、厚労省は2018年1月のガイドラインでこの規定を削除し、副業・兼業についての規定を新設した。

　副業・兼業には、本業の企業の機密情報が漏洩するリスクや、本業とのダブルワークによる長時間労働で健康をそこねるといった懸念もある。

　企業にすれば副業・兼業を認めると転職されてしまうとの懸念もあるだろうが、若い世代が減る時代においては、むしろひとつの会社に閉じ込めようとすれば、能力が高く、意欲のある人ほど転職を選択する方向に動くだろう。

　人手不足による採用難が深刻化するなかで、優秀な社員の流出を防ごうと思えば、複数キャリアを認めるしかない。副業・兼業とは、「多様な知識やスキルを獲得する手段」ととらえたほうが現実的だ。副業・兼業により高まったスキルは、結果として本業にも生かせる。

　複数のキャリアをもつことは、第4のアイデアである「働けるうちは働く」にもつながる。2つ以上の仕事をかけもちすることは定年後の人生設計にも役立つ。終身雇用を前提としている人は、がいして自身のス

キルを意識せず、定年間近になってはじめてあわてるものだ。

　これに対し、副業・兼業をしている人は、自分が世の中にどこまで通用するのかを絶えず確認できる。見方を変えれば、世の中に通用するよう、若いころから自身の能力を高めようと努力する。結果としてスキルが磨かれ、勤労世代が減少する状況下で付加価値の高い製品づくりやサービス提供を実現することにもなる。

　急速な勤労世代の減少に対応していくには、働き方も複合型にしていくしかない。副業・兼職まではいかなくとも、空いている時間を地域活動やボランティア活動に活用することだってかまわない。すべての国民が、ほんの少し社会に参加し、貢献する機会を増やすだけで、勤労世代の激減カーブは大きくやわらぐこととなる。

▌豊かさを維持するために

　ここまで5つのアイデアについてご紹介してきたが、「戦略的に縮む」一方で、考えなければならないのが、総仕事量を減らしながらも、現在の豊かさを維持していくための方策だ。これを実現しようと思えば、われわれは相当の発想の転換を必要とする。

　勤労世代が減るということは、個々人が働いている時間の総計が減るということである。総計した時間が減っても豊かさを維持しようと思えば、1人1人が働く時間をこれまでより濃密なものとし、個々の生産性を上げるしかない。だが、日本の勤労世代の激減規模は大きすぎる。個々の生産性を上げよと求められても、限界はあると考えたほうが正しいだろう。

　それよりも、「大量生産・大量販売」というこれまでの成功モデルを投げ捨て、付加価値の高い商品やサービスを「少量生産・少量販売」するビジネスモデルへとシフトすることだ。それ以前の問題として、少子高齢社会においては、働き手が減るだけでなく、マーケットも縮む。「大

量生産・大量販売」というビジネスモデルが成り立たなくなるのも時間の問題なのである。

拠点国家を構想せよ

「少量生産・少量販売」のモデルはヨーロッパに見つけることができる。小さな村にもその地域でしかつくることができない織物や革製品などの技術力がある場合が多いのだ。彼らは「品質の高い製品」を高く販売することで利益を上げ、豊かな暮らしを実現している。

そこで、人口が激減する日本においても、東京一極集中に代表されるような「集積の経済」一本槍のビジネスモデルから脱却し、「拠点国家構想」をめざすことを提言したい。

「拠点国家構想」とは、全国に人々が集まり住む拠点を定め、それぞれの地域の特性などを生かし、あるいは伝統工芸品などに使われてきた技術力を転用することによって、ヨーロッパのごとく、高く売れる製品やサービスを少量生産する考え方だ。「世界に通用するブランドづくり」に活路を見いだそうというのである。

拠点で生産された製品やサービスは、東京や大阪を通さず、そこで働く人々が直接、海外に売っていくのだ。インターネットが普及した現在、そのツールは確保されている。

奈良県生駒市高山区で室町時代から伝統的につくられている茶筅（せん）。抹茶ブームの欧米への輸出も増えている。下は北海道産のメロン。こちらも「攻める農業」の一角を担い、アジアなどに輸出されている。

==商品開発から生産、販売まで拠点の中ですべてこなすことが重要==である。

　そうすることで、若者が大学などで学んだ知識や習得した技術を発揮する仕事、やりがいをもって打ち込める仕事も生まれてくる。ブランドを維持するには、絶えず新しい技術に挑戦しなければならない。海外に直接売っていくには、貿易実務や語学力を身につけなければならない。その地域の出身者が東京や京都などの大学に進学して学んだ経験を生かす仕事が生まれてくれば、卒業後には拠点に戻ってくるだろう。==拠点には若い世代が増えていく==。

拠点は地方創生につながる

　こうした生産性の高いブランド品を生み出すことができる拠点は、同時に高齢者が歩いてすべての用事をすますことができるコンパクトな街として整備する。これは前述した第3のアイデアである「居住エリアと非居住エリアの分離・明確化」にも通じるが、地域ごとに人々が集住するコミュニティーとする。地域の==「にぎわい」==を残すことができれば、結果としてその地域の衰退をとめたり、遅らせたりすることにもなり、地方創生にもつながる。

　とはいえ、高齢者などにとって引っ越しは大変だ。先祖代々の家に住み続けたいという人も少なくないだろう。

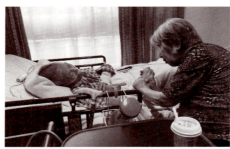

苦しい老老介護家庭をこれ以上増やしてはいけない。下は認知症予防の様子。世界中の製薬会社が認知症治療薬の開発から次々と撤退しているいま、認知症予防の習慣化がますます重要となっている。

第5章　ではどうする？「戦略的に縮む」ための5つの提言

そこで拠点づくりは一気に県庁所在地などへの移住を求めるのではなく、まずは近場でも選べるよう段階的に進める。週末などにもともと住んでいた家と気軽に行き来できる地域内の「2地域居住」といったイメージである。当面は福祉的施策として、低所得高齢者向けの低家賃住居や空室が目立つようになった老人向け施設を「高齢者向け住宅」として再整備してもよい。

「拠点国家構想」は、これまでの大都市集中型とも、既存の基礎自治体をイメージした地方分権とも異なる、人口激減時代への対応策なのである。

「歴史を生かしたまちづくり」に成功し、活況を取り戻した埼玉県川越市（上）。いつまでも東京一極集中を続けるのは、「日本の未来」にとってまったく得策ではない。

　むろん過渡期はある。東京や大阪のような巨大タウンを突如としてなくせという話ではなく、大都市と拠点との併存期が続くだろう。しかも、拠点は東京圏や大阪圏のなかにあっても可能だ。

　日本の人口が大きく減った時代を先取りして考えたならば、いつまでも大都市圏が機能するとはかぎらない。まだ日本の総人口が極端に減っているわけではない現時点において、小さくとも自己完結するような拠点を全国各地にたくさんつくっていくことこそ、日本の多様性を残しながら、この国の豊かさを維持していく有力な選択肢となるだろう。

おわりに
いつから「未来」という言葉が暗い意味となったのか

「なぜ、ここまで深刻な状況となる前に少子化に対策を講じてこなかったのですか」——。最近、講演先で若い世代からこうした質問を何度かいただいた。

生まれたときから少子高齢社会、人口減少社会を生きざるをえない若者たちにすれば、当然の疑問であろう。

かつて「未来」という言葉は、期待に胸をふくらますものであった。だが、いまの中学生や高校生にとっては決してそうとはかぎらない。先日も、ある高校生が「『未来』という言葉を聞くだけで暗澹たる気持ちとなる」と語っているのを耳にして、ハッとさせられた。

日本は、一体どこで道を誤ったのだろうか。自省をこめて語るならば、現在の"大人"たちは少子化の危機にもっと早く気づくことができた。

その1つが、1989年だ。前年の合計特殊出生率が、丙午である1966年の1.58を下回った。いわゆる「1.57」ショックである。国民の多くが少子化の深刻さを知ったはずであった。

「1.57」ショックには伏線があった。時代はもう少しさかのぼり、1988年である。この年の流行語に、このころの女性週刊誌やファッション誌が新しい夫婦像として取り上げた「DINKs」(ディンクス)があった。

Double Income No Kids(ダブルインカム・ノーキッズ)の頭文字を並べたもので、共働きで子どもを意識的につくらない夫婦やそうした価値観を指す言葉だ。互いの自立を尊重し、経済的にゆとりをもち、それぞれの仕事の充実などに価値を見いだそうという考え方である。

男女雇用機会均等法の施行直後でもあり、「DINKs」がはやし立てられた背景には、「女性は結婚したら家庭に入るべき」といった旧世代の

結婚生活に関する価値観への反発があったのかもしれない。

　いずれにしても、国民の結婚や出産に対する意識の変化は、その後の日本の少子化を決定づけていったのである。

　ところが、こうした合計特殊出生率の低下に対して、当時の"大人"たちは根拠薄弱な楽観論をかき集め、見て見ぬふりをしたのである。

　日本の場合、戦前・戦中の軍部による「産めよ増やせよ」という政策スローガンに対する国民のアレルギーが強く、世論の反発を恐れる政治家や官僚は国民の結婚や妊娠・出産に関する政策にきわめて及び腰の態度をとり続けてきた。

「1.57」ショックが起こってもなお、及び腰の姿勢は変わらず、政府も国会も「いずれ出生率は回復する」と真剣に取り合わなかった。バブル景気にひたっていた国民の側もまた、「1.57」ショックを長く記憶にとどめることはなかったのである。

　とはいえ、いまさらこの問題を放置してしまったことを悔やんでみても始まらない。"犯人捜し"をしているヒマもない。日本に残された時間はあまりに少ないのである。

　いまわれわれに求められているのは行動に移すことである。人口が減ってもなお、暮らしの豊かさがそこなわれぬよう、この国をつくり替えることが急がれる。

あとがき　その1
『未来の年表』の副読本

　少子高齢化という言葉が登場してから、どれぐらいの歳月が過ぎ去っただろうか。人口減少が「捨て置けない問題」であるということは誰もがわかっている。だからといって、積極的にこの問題の解決に乗りだしている人は多くはない。

　それどころか、過去の成功体験にしがみつき、これまでの手法を少しでも長く維持しようと、無理を重ね続ける人々であふれている。無理を重ねれば、どこかにひずみができ、政策の方向がズレていく。結果として、「日本に残された時間」はムダに減ってしまうことになる。

　本書がくり返し強調してきた通り、子どもを産むことができる年齢の女性が大きく減り始めたわが国は、確実に消滅の道を歩み始めている。

　私はこれを「静かなる有事」と名づけて警鐘を鳴らしてきたが、同時に国民に危機感がなかなか広がらない現状にもどかしさを感じていた。そして、こうした状況を変えていくには、人口が減る日本でなにが起きるのかを具体的に伝えていくしかないと考えたのである。

　そこで世に送り出したのが、人口減少下にある日本で何年後になにが起きるのかを時系列で予測した『未来の年表』（講談社現代新書）であった。斬新な切り口が評価されたのだろうか、大変ありがたいことに、『未来の年表』は続編の『未来の年表2』とともにこの手の“堅い本”としては異例の大ベストセラーとなった。

　そして、『未来の年表』シリーズの大ヒットは同時に、人口減少問題について漠然と不安を感じている人がいかに多いかということを、私に改めて教えてくれる機会ともなった。もっとわかりやすく、この問題を解説する書籍の登場が待たれていることを強く感じたのだ。

人口減少にともなう「未来」をよりわかりやすく理解してもらうには、グラフやイラストをふんだんに使用し、一覧できるようにするのが一番である。だが、『未来の年表』シリーズのような新書はどうしても活字中心にならざるをえない。そこで今回、思い切ってグラフやイラストをメインとして、活字は極力減らすスタイルの書籍をつくることにした。

　小中学生の教科書に図鑑や地図帳などの参考書が定番であるように、本書はいわば『未来の年表』の副読本の位置づけである。

　両書を合わせ読むことで『未来の年表』の内容の理解がより進み、多くの人が人口減少日本でこれから起こる「不都合な真実」に、いち早く対応できたならば、送り手としては望外の喜びである。

　最後になったが、本書の誕生のきっかけをつくってくださったビジネス社の唐津隆社長、本書の作成についてさまざまな角度からご尽力いただいた編集担当の佐藤春生さんには深謝申し上げたい。

　さらに、私が産経新聞社に在籍していた時代に後輩だった2人の女性の協力なしに本書は成り立ちえなかった。企画段階から積極的に携わり、豊富なアイデアを出してくれた記者の道丸摩耶さん、センスのよい図表作りを一手に引き受けてくれたグラフィックデザイナーの矢田ゆきさんには言葉では言い尽くせない感謝の気持ちでいっぱいである。彼女たちの堅実な仕事があったからこそ、ここまで短期間で充実した内容の書籍が完成したと思っている。そして、私を支え続けてくれている家族と、いやしを与えくれるペットの猫に、感謝をこめて本書を捧げる。

河合雅司

あとがき　その2
不便さを容認せざるをえない社会の到来

　この先、人口はどんどん減っていく。私たちがおばあちゃん、おじい
ちゃんになるころには、年金なんてもらえない——。昭和50年代生ま
れの私ですら、日本の未来についてそんな悲観的なことばかりを聞いて
育ってきました。日本の未来の危機についての言説は、最近になってお
こなわれているのでなく、何十年も前から言われ続けてきたことです。
にもかかわらず、昭和から平成へ、そしてまた新たな時代が来ようとす
る今も、種々の統計が指し示す「未来の透視図」は、昔聞いていたそれ
と大きくは変わりません。1億2700万人の日本の人口は、あと50年も
しないうちに9000万人を下回り、社会保障は先細りして悲観的な未来
がやってくるという話ばかりが語られているのです。

　産経新聞の先輩である河合雅司氏はかねてから、日本の人口減少社会
の問題点はただ単に「人口（数）」が減っていくことではなく、高齢者
の激増、勤労世代の激減、出生数の激減の3つによって引き起こされる
のだと主張してきました。数ではなく、構成比によって社会が大きく変
わり、それこそが問題であるという考えです。

「歴女」という言葉がなかった時代から歴史好きだった生粋の歴女の私
にとっても、この考えには大きくうなずけるものがありました。長く太
平の世が続き多くの文化が花開いた江戸時代の日本の人口は、約3000
万人だったとされています。当時の日本人の平均寿命は30～40代。乳
児、幼児死亡率が高く、大人になれる確率が低い、まさに「多産多死」
社会だったためです。日本の人口が1億人を超えたのは昭和40年代。長
い歴史からみればごく最近です。

　現代の日本は乳児死亡率が世界一低い国となり、世界でもトップクラ

スの平均寿命を手に入れました。1億人超の人口がはたして「適正」かどうかはわかりませんが、問題は「数」ではなく、「集合体」として成り立つかどうか。今後、変わらざるをえない社会システムのなかで、皆が「不便さ」をどこまで許容できるかが問われているのです。

　近視眼的になりがちな私に広い視野を与えてくれた河合さん、クオリティの高いグラフィックで助けてくれた矢田ゆきさん、貴重な機会をくださいましたビジネス社さま、ありがとうございました。願わくばこの1冊が、未来を生き抜く読者の皆さまの一助となりますことを。

　　　　　　　　　　　　　　　　　　　　　　　　　道丸摩耶

道丸摩耶（みちまる・まや）
1977年東京都出身。聖心女子大卒後、2000年産業経済新聞社入社。東京本社社会部、文化部で、主に医療や福祉の取材を担当。「医療と報道の相互理解」をテーマに大学や医療団体での講義、講演多数。「世界に挑む　日の丸医療」でファイザー医学記事賞受賞、浜松医科大学非常勤講師（医療報道）。

●著者略歴
河合雅司（かわい・まさし）

作家・ジャーナリスト。1963年、名古屋市生まれ。中央大学卒業後に産経新聞社へ入社し、論説委員などを歴任。現在は一般社団法人「人口減少対策総合研究所」理事長。高知大学客員教授、大正大学客員教授、日本医師会総合政策研究機構客員研究員、産経新聞社客員論説委員、厚労省検討会委員、農水省第三者委員会委員などを務める。
2014年に「ファイザー医学記事賞」の大賞、2018年にNPO法人ひまわりの会「ひまわり褒章」の個人部門賞、2019年には「第80回文藝春秋読者賞」を受賞。著書の『未来の年表』（講談社現代新書）は、『未来の年表2』（同）との累計で75万部（2018年12月末現在）を突破する大ベストセラーとなる。同シリーズ以外にも『未来の呪縛』（中公新書ラクレ）、『日本の少子化 百年の迷走』（新潮選書）、『地方消滅と東京老化』（共著、ビジネス社）など数多くの著書がある。

取材協力／道丸摩耶
図版制作／矢田ゆき（一部イラストも）
カバー＆本文デザイン／大谷昌稔
イラスト／山中正大

河合雅司の未来の透視図

2019年6月1日　　第1刷発行

著　　者　　**河合　雅司**

発 行 者　　**唐津　隆**

発 行 所　　株式会社**ビジネス社**
　　　　　　〒162-0805　東京都新宿区矢来町114番地
　　　　　　　　　　　神楽坂高橋ビル5階
　　　　　　電話 03(5227)1602　FAX 03(5227)1603
　　　　　　http://www.business-sha.co.jp

カバー印刷・本文印刷・製本/半七写真印刷工業株式会社
〈編集担当〉本田朋子　〈営業担当〉山口健志

©Masashi Kawai 2019　Printed in Japan
乱丁・落丁本はお取りかえいたします。
ISBN978-4-8284-2006-6